PARIS 2024

PARIS 2024

365 LÉGENDES DES JEUX OLYMPIQUES ET PARALYMPIQUES !

Hugo Image

Ouvrage dirigé par Candice Roger
Textes : Denis Roux
Correction : Fanny Delahaye
Mise en page : Eva Pinchon
Conception de la couverture : Laëtita Kalafat

34-36, rue La Pérouse
75116 Paris
www.hugopublishing.fr

ISBN : 9782755677041
Dépôt légal : octobre 2024
Imprimé en Chine

Après les Jeux Olympiques de Paris qui se sont déroulés en 1900 et en 1924, Paris a accueilli à nouveau cet événement mondial pour la troisième fois. La France s'inscrit ainsi dans la formidable histoire des Jeux Olympiques de l'ère moderne, relancée par Pierre de Coubertin en 1896, en Grèce.

Depuis ces premières Olympiades, l'approche de plus en plus pointue de la performance des athlètes et l'apparition de nouveaux équipements ont favorisé de magnifiques exploits et d'incroyables records, tout cela sans entamer ce qui fait le cœur de cette rencontre sportive : l'irrésistible besoin de se dépasser, l'enthousiasme de la victoire, l'intensité de l'acharnement.

Ouvrons l'album de ces anecdotes qui ont écrit l'histoire des Jeux Olympiques et Paralympiques......

JEUX OLYMPIQUES DE MONTRÉAL 1976

ESCRIME

Ildiko Ujlaki-Rejto, 7 médailles en cinq Jeux Olympiques

La Hongrie peut se féliciter d'avoir une telle sportive dans ses rangs. En cinq Olympiades, Ildiko Rejto, malgré sa surdité, remporte 7 médailles en fleuret individuel et par équipes : 2 en or (1964), 3 en argent (1960, 1968, 1972) et 2 en bronze (1968, 1976). Avec sa quinzaine de titres et d'accessits aux Championnats du monde, elle est une des tireuses les plus titrées de la discipline avec l'Italienne Valentina Vezzali.

PARIS 2024

PARIS 2024

JEUX OLYMPIQUES D'ATLANTA 1996

NATATION

Krisztina Egerszegi, un triplé sur le 200 m dos

La nageuse hongroise n'a que 14 ans lorsqu'elle remporte sa première médaille olympique aux Jeux Olympiques de Séoul 1988, où elle termine deuxième dans l'épreuve de 200 m dos. Quatre ans plus tard à Barcelone, Krisztina Egerszegi s'empare de 3 médailles d'or, dans les épreuves de dos, en remportant les 100 m et 200 m dos, ainsi que dans le 400 m 4 nages. Elle prend sa retraite sportive en 1996 non sans avoir triplé sa performance sur le 200 m dos. Elle est la seule nageuse, avec l'Australienne Dawn Fraser, à avoir remporté la médaille d'or dans la même discipline lors de trois Olympiades consécutives.

PARIS 2024

PARIS 2024

JEUX OLYMPIQUES DE MOSCOU 1980

ATHLÉTISME

Allan Wells, le meilleur sur le 100 m

Allan Wells n'utilise jamais de starting-blocks, jusqu'à ce qu'une règle ne l'y oblige pour ces Jeux Olympiques de Moscou. Cela ne le perturbe pas beaucoup, puisqu'en finale il s'impose devant le grand favori cubain Silvio Leonard.

À 28 ans, le Britannique est le plus vieux champion olympique sur cette distance. Ce 100 m reste dans les annales comme le plus lent depuis les Jeux Olympiques de 1960 (10"25). Wells gagnera une autre médaille, en argent cette fois, à l'issue de la finale du 200 m, derrière Pietro Mennea, le recordman du monde.

PARIS
2024

PARIS 2024

JEUX OLYMPIQUES DE LOS ANGELES 1984

GYMNASTIQUE

Mary Lou Retton, première non-Européenne à remporter le concours général

Jusqu'aux Jeux Olympiques de Los Angeles, l'Union soviétique et les pays de l'Est dominent la gymnastique féminine. Les performances énergiques et puissantes de Mary Lou Retton mettent un terme à cette suprématie, ouvrant une nouvelle ère. La gymnaste devient la première femme américaine à remporter la médaille d'or du concours général en gymnastique avec, lors de la dernière rotation, des notes exceptionnelles au sol et sur le saut de cheval, où elle a obtenu un score parfait de 10,0. Mary Lou Retton repartira également de ces Jeux Olympiques avec 2 médailles d'argent (concours par équipes et saut de cheval) et 2 de bronze (sol et barres asymétriques).

PARIS
2024

PARIS 2024

JEUX OLYMPIQUES DE ROME 1960

4 x 100 m : la fin de la suprématie américaine

Coup dur pour les États-Unis qui subissent leur première défaite depuis 1920 dans cette discipline du 4 x 100 m. Pourtant Budd, Norton, Johnson et Sime ont franchi en premier la ligne d'arrivée, mais les juges les disqualifient pour avoir commis un passage de témoin hors limite. L'équipe unifiée d'Allemagne est alors déclarée vainqueure, en 39"5, égalant les records olympiques et du monde déjà réalisés la veille lors des séries.

PARIS 2024

PARIS 2024

JEUX OLYMPIQUES D'ATHÈNES 2004

VOILE

Faustine Merret : option payante !

Pour les Jeux Olympiques de Sydney, Faustine Merret n'était pas parvenue à décrocher sa sélection. Quatre ans plus tard, à Athènes, elle ne laisse pas passer sa chance, même si la concurrence est performante. Dans l'ultime régate, la Brestoise sait qu'elle doit réaliser un exploit : terminer cette dernière course trois places devant l'Italienne Alessandra Sensini. Sa chance s'appelle Jian Yin, une véliplanchiste chinoise très rapide. Faustine Merret se met dans son sillage sur un côté du plan d'eau lorsque l'Italienne passe de l'autre côté. Option payante : la Française termine deuxième de la régate et Alessandra Sensini septième. Faustine Merret est championne olympique !

PARIS
2024

PARIS 2024

JEUX OLYMPIQUES DE MUNICH 1972

CANOË-KAYAK

Une première pour le slalom en canoë

À Munich, l'épreuve du slalom en canoë a été inscrite pour la première fois au programme des Jeux Olympiques… mais ne fait son retour qu'en 1992 après vingt ans d'absence. Cette discipline exige une grande habileté et une maîtrise parfaite de la navigation en eau vive. C'est aussi l'une des plus spectaculaires, rencontrant désormais un grand succès auprès du public et des athlètes. Les nations les plus médaillées dans cette discipline sont la Slovaquie, l'Allemagne, la France et la République tchèque.

PARIS 2024

PARIS 2024

JEUX OLYMPIQUES D'ATLANTA 1996

HALTÉROPHILIE

Le Turc Naim Süleymanoğlu trop fort

Aux Jeux Olympiques de 1996 à Atlanta, en haltérophilie, le Turc Naim Süleymanoğlu remporte sa troisième médaille d'or consécutive dans la catégorie des poids plumes (moins de 64 kg), devenant ainsi l'un des plus grands haltérophiles de tous les temps. Surnommé le « Pocket Hercules » en raison de sa petite taille (1,47 m) et de sa grande force, Süleymanoğlu avait déjà remporté des médailles d'or aux Jeux Olympiques de 1988 à Séoul et de 1992 à Barcelone dans la même catégorie de poids. La carrière de Süleymanoğlu a été exceptionnelle avec, à son palmarès, sept Championnats du monde et 46 records du monde.

PARIS 2024

PARIS 2024

JEUX OLYMPIQUES DE LOS ANGELES 1984

ATHLÉTISME

Evelyn Ashford, une longévité performante

Après des premiers Jeux Olympiques discrets en 1976, Evelyn Ashford se voit privée de ceux de Moscou. Elle revient quatre ans plus tard à Los Angeles avec beaucoup d'envie et d'ambition. De fait, elle s'octroie 2 titres, sur le 100 m et sur le relais 4 x 100 m, ajoutant à sa récolte olympique une médaille d'argent sur le 200 m. L'athlète américaine disputera encore les Jeux Olympiques de Séoul et de Barcelone, gagnant 2 nouveaux titres sur le relais 4 x 100 m avec l'équipe américaine. Evelyn Ashford est la première athlète à descendre sous la barre des 11 secondes au 100 m lors d'une compétition olympique.

PARIS
2024

PARIS 2024

JEUX OLYMPIQUES DE SYDNEY 2000

ATHLÉTISME

Robert Korzeniowski en haut de la marche

À Sydney, Robert Korzeniowski est le roi de la marche, que ce soit sur le 20 km ou le 50 km. Il est le premier athlète à s'adjuger ces deux épreuves lors d'une même Olympiade. Le Polonais, qui avait déjà goûté à l'or en 1996 à Atlanta sur le 50 km marche, ira chercher un troisième sacre sur cette même distance à Athènes ! Quatre médailles en trois Olympiades : Robert Korzeniowski enrichit une vitrine de trophées déjà remplie de 3 titres de champion du monde.

PARIS 2024

PARIS 2024

JEUX OLYMPIQUES DE SYDNEY 2000

TENNIS

Les sœurs Williams irrésistibles

Immenses championnes, les Williams !
C'est Venus qui a ouvert le palmarès aux Jeux Olympiques en remportant le simple femmes à Sydney, le 27 septembre 2000. Serena fera aussi bien que sa sœur sur le gazon de Wimbledon en 2012, dans le cadre des Jeux Olympiques de Londres. En double, les « Williams Sisters » se montrent tout aussi irrésistibles puisqu'elles gagneront trois fois le titre olympique (2000, 2008 et 2012).

PARIS
2024

PARIS 2024

JEUX OLYMPIQUES DE SÉOUL 1988

ESCRIME

L'ancien Soviétique Wladimir Resnitschenko médaillé d'or allemand

Wladimir Resnitschenko est un des rares athlètes à avoir concouru avec succès sous le maillot de deux nations différentes. Cet escrimeur a d'abord participé aux Jeux Olympiques de Séoul sous les couleurs soviétiques, remportant la médaille de bronze dans l'épreuve d'épée par équipes. Quatre ans plus tard, il est de nouveau sélectionné pour le rendez-vous olympique de Barcelone, mais sous le drapeau... allemand. Un changement de nationalité qui lui réussit bien puisqu'il participe au titre gagné par l'équipe germanique dans l'épreuve épée.

12
JANVIER

8 h 44 17 h 14

Ste Tatiana

PARIS
2024

PARIS 2024

JEUX OLYMPIQUES DE LOS ANGELES 1984

ATHLÉTISME

Au bout du bout…

De l'arrivée du marathon, à Los Angeles, on retiendra moins la victoire de Joan Benoit que l'arrivée dans le stade de Gabriela Andersen-Schiess. L'athlète suisse termine sa course à bout de forces, mettant près de six minutes à effectuer son dernier tour de piste. Suivie pas à pas par des médecins, elle puise au plus profond d'elle-même et atteint, comme un pantin désarticulé, la ligne d'arrivée qu'elle franchit en titubant avant de s'écrouler. Gabriela Andersen-Schiess sera classée 37e.

PARIS
2024

PARIS 2024

JEUX OLYMPIQUES D'ATLANTA 1996

TENNIS DE TABLE

Deng Yaping, de nouveau doublement médaillée d'or

Indéniablement l'une des plus grandes joueuses de l'histoire du tennis de table ! Pendant une décennie, elle domine presque sans partage ce sport, emportant 6 titres de championne du monde. La Chinoise répond également présente aux deux Olympiades de 1992 et 1996. En 1992, à Barcelone, elle gagne les médailles d'or du simple et du double (associée à Qiao Hong). À Atlanta, elle récidive dans ces deux épreuves. Quelques mois plus tard, Yaping Deng se retire de la compétition, à 24 ans, après avoir remporté plus de titres que tout autre joueur et joueuse de l'histoire du tennis de table. En 2003, elle a été choisie comme athlète chinoise du siècle.

PARIS 2024

PARIS 2024

JEUX OLYMPIQUES DE SYDNEY 2000

ATHLÉTISME

Merlene Ottey, l'or lui échappe encore

Triple championne du monde et recordwoman du monde, Merlene Ottey est pourtant une athlète qui n'est jamais montée sur la plus haute marche d'un podium olympique. Tristement célèbre pour son manque de réussite lors des finales internationales, elle a connu bien des déboires dans les Jeux Olympiques. À Barcelone en 1992, elle termine deuxième sur le 100 m, à 6 centièmes de Gail Devers. Elle connaît la même mésaventure quatre ans plus tard, toujours face à l'Américaine… pour quelques millièmes de secondes. Sur le 200 m, c'est Marie-José Pérec qui la coiffe sur le fil. Avec 9 médailles (3 d'argent et 6 de bronze), Merlene Ottey est l'athlète féminine la plus décorée aux Jeux Olympiques, mais sans jamais connaître une seule fois la consécration…

PARIS
2024

PARIS 2024

JEUX OLYMPIQUES D'ATLANTA 1996

NATATION

Amy Van Dyken insatiable

En remportant le 50 m devant la détentrice du record du monde de la spécialité, la Chinoise Jingyi Le, mais aussi le 100 m, le relais 4 × 100 m nage libre et le relais 4 × 100 m 4 nages, Amy Van Dyken est devenue la première sportive américaine à remporter 4 titres dans une même Olympiade. La multiple championne du monde fera un peu moins bien lors des Jeux Olympiques de Sydney 2000, glanant quand même 2 nouveaux titres olympiques au sein de l'équipe américaine sur le 4 × 100 m nage libre et le 4 × 100 m 4 nages.

PARIS
2024

PARIS 2024

JEUX OLYMPIQUES DE MEXICO 1968

À Mexico, on atteint des sommets...

Le choix de Mexico pour accueillir les Jeux Olympiques de 1968 (une première en Amérique latine) est très controversé en raison de l'altitude élevée de la ville, qui culmine à 2300 m. On craint des répercussions négatives sur les performances des athlètes, mais c'est le contraire qui se produit. Pour se préparer à cette épreuve, les athlètes se sont entraînés en altitude. Et les résultats seront à la hauteur... Plusieurs records du monde sont battus en athlétisme, notamment sur le 100 m, le 200 m et le 400 m masculins sans oublier le saut en longueur historique de 8,90 m réalisé par Bob Beamon, soit 55 cm de plus que le précédent record.

17

JANVIER

☀ 8 h 40 ☀ 17 h 21

Ste Roseline

PARIS 2024

PARIS 2024

JEUX OLYMPIQUES DE MEXICO 1968

ATHLÉTISME

Naftali Temu, premier Kényan champion olympique

L'altitude est préjudiciable aux grandes performances en demi-fond... Et le recordman du monde australien, Ron Clarke en fait les frais le 13 octobre 1968, sur le 10 000 m, connaissant une terrible défaillance. Les coureurs des hauts-plateaux en profitent. Naftali Temu, jusque-là peu connu pour de grandes performances, s'impose devant l'Éthiopien Mamo Wolde. Il devient ainsi le premier Kényan couronné champion olympique. Quelques jours plus tard, à l'issue de la finale du 5000 m, il obtient une nouvelle médaille, en bronze cette fois, battu par Mohammed Gammoudi et Kip Keino. Naftali Temu ne fera plus parler de lui, même s'il participa aux Jeux Olympiques de Munich. Son heure de gloire était passée... Devenu fermier, il meurt pauvre et dans l'anonymat en 2003.

PARIS 2024

PARIS 2024

JEUX OLYMPIQUES DE MEXICO 1968

ATHLÉTISME

Blessé, le marathonien Akhwari refuse d'abandonner

John Stephen Akhwari, champion d'Afrique en titre du marathon hommes, arrive en pleine forme aux Jeux Olympiques, mais pas préparé aux performances en haute altitude. Au trentième kilomètre, il souffre de crampes et chute, se blessant gravement au genou et à l'épaule. Le jeune Tanzanien de 26 ans repart malgré la douleur, et alors que les abandons se multiplient, il réussit à franchir la ligne, à la dernière place et une heure après Wolde. De nombreux spectateurs admiratifs de sa détermination sont restés dans le stade pour l'encourager dans ses ultimes efforts. « M'arrêter ne m'a jamais traversé l'esprit, dira-t-il plus tard. Mon pays ne m'a pas envoyé à Mexico pour prendre le départ de la course, mais pour la finir. »

19

JANVIER

8 h 38 17 h 24

St Marius

PARIS 2024

PARIS 2024

JEUX OLYMPIQUES DE MEXICO 1968

ESCRIME

Le sabreur Viktor Sidyak aime l'or

Pur produit de l'école de sabre de l'Union soviétique, Viktor Sidyak est un habitué des podiums olympiques. 1968 marque le commencement de sa quête de l'or en remportant le titre par équipes, performance qu'il reproduira en 1976 et 1980. À titre individuel, le sabreur, reconnu pour sa parfaite maîtrise technique, connaît la consécration olympique à Munich en 1972, mais ne peut faire mieux que troisième, quatre ans plus tard à Montréal.

20
JANVIER

8 h 37 — 17 h 25

St Sébastien

PARIS 2024

PARIS 2024

JEUX OLYMPIQUES DE MEXICO 1968

GYMNASTIQUE

La belle et rebelle Věra Čáslavská

Après avoir goûté aux honneurs olympiques en 1960, où elle termine deuxième du concours par équipes, Věra Čáslavská va éclore à Tokyo en 1964 en s'adjugeant 3 médailles d'or (concours général, poutre, sol) et de nouveau l'argent par équipes. Appelée la « divine » pour la grâce de ses prestations, la gymnaste tchèque fait encore mieux à Mexico, avec 4 médailles d'or... et toujours 1 d'argent par équipes. La belle est aussi rebelle : elle se fait connaître par ses protestations contre l'occupation de la Tchécoslovaquie par les troupes soviétiques en 1968.

PARIS
2024

PARIS 2024

JEUX OLYMPIQUES DE MEXICO 1968

ATHLÉTISME

Quatre fois disque d'or

Sans doute le plus grand discobole de l'Histoire ! Al Oerter remporte à Mexico son quatrième titre consécutif avec un jet de 64,78 m. Un exploit que seul Carl Lewis réalisera en saut en longueur. L'homme s'est fait connaître par sa technique et son sang-froid. Ainsi à Tokyo en 1964, blessé au cou, il porte une minerve. Au cinquième essai, il l'enlève et envoie le disque à 61 m, nouveau record olympique. Ce sera suffisant pour gagner la médaille d'or, alors même que la douleur l'empêche de tenter son dernier essai. Ce jour-là, il entre dans la légende avec cette quatrième médaille acquise à Mexico, parachevant ce parcours incroyable.

22

JANVIER

8 h 35 17 h 29

St Vincent

PARIS
2024

PARIS 2024

JEUX OLYMPIQUES DE MONTRÉAL 1976

NATATION

Klaus Dibiasi, le premier plongeur à remporter 3 médailles d'or consécutives

Durant les années 1960 et 1970, Klaus Dibiasi règne sans partage sur l'épreuve de plateforme à 10 m. Il accroche à son cou sa première médaille olympique en argent aux Jeux Olympiques de Tokyo 1964. Lors des Jeux Olympiques de Mexico, Munich et Montréal, il fait encore mieux, montant à chaque fois sur la plus haute marche du podium. Le vice-champion olympique de 1976, Greg Louganis, prendra brillamment sa suite en réalisant deux doublés tremplin 3 m/plateforme 10 m aux Jeux Olympiques de 1984 et 1988.

PARIS
2024

PARIS 2024

JEUX OLYMPIQUES D'ATLANTA 1996

BOXE

Wladimir Klitschko, boxeur d'or

Très bon boxeur amateur ukrainien, Wladimir Klitschko est sélectionné pour les Jeux Olympiques d'Atlanta où il s'empare de la médaille d'or dans la catégorie des poids super-lourds en battant le Tongien Paea Wolfgramm. Il va entamer une brillante carrière chez les professionnels, avec à la clé des titres de champion du monde.

PARIS 2024

PARIS 2024

JEUX OLYMPIQUES DE TOKYO 1964

ATHLÉTISME

Valeriy Brumel, le dernier grand rendez-vous

Depuis trois ans, Valeriy Brumel est le maître du saut en hauteur, battant à six reprises le record du monde jusqu'à franchir 2,28 m. À Tokyo, il prive de la plus haute marche du podium John Thomas, son éternel rival, bien que les deux athlètes franchissent la barre à 2,18 m. Mais au nombre de sauts réussis, le Soviétique arrache la victoire. En octobre 1965, Valeriy Brumel est victime d'un accident de moto. Jamais il ne retrouvera la vitesse, la puissance, la légèreté qui faisaient de lui un athlète hors normes. Il fut le dernier grand « ventraliste » avant l'émergence du rouleau dorsal de l'Américain Dick Fosbury, en 1968.

PARIS
2024

JEUX OLYMPIQUES DE MEXICO 1968

NATATION

Debbie Meyer, la première nageuse à emporter 3 médailles

Lors des Jeux Olympiques de 1968 à Mexico, l'Américaine Debbie Meyer est la star des bassins olympiques. Alors qu'elle n'a que 16 ans, elle se montre la meilleure dans les épreuves des 200 m, 400 m et 800 m nage libre, établissant à chaque fois de nouveaux records du monde. En 1968, elle est la première nageuse à remporter 3 médailles d'or individuelles lors des mêmes Jeux Olympiques.

PARIS
2024

PARIS 2024

JEUX OLYMPIQUES DE PARIS 1900

La pelote basque, éphémère sport olympique

Sport olympique aux Jeux Olympiques de Paris 1900, la pelote basque ne suscite pas un grand engouement. Deux équipes sont inscrites... mais le match n'a pas lieu. Le premier prix est toutefois attribué à l'équipe espagnole. Un premier « Prix amateurs », reconnu ultérieurement par le CIO. La pelote basque n'a été ensuite qu'un sport de démonstration, en 1924 de nouveau à Paris, puis à Mexico en 1968 et à Barcelone en 1992.

PARIS 2024

PARIS 2024

JEUX OLYMPIQUES DE TOKYO 2020

Les Jeux Olympiques de Tokyo reportés en 2021 en raison de la pandémie de Covid

L'événement doit initialement avoir lieu en juillet-août 2020 à Tokyo, au Japon, mais est reporté d'un an en raison de la pandémie de la Covid-19. Les Jeux Olympiques Tokyo 2020 se déroulent finalement du 23 juillet au 8 août 2021, avec des mesures de sécurité strictes pour minimiser les risques de transmission du virus. C'est une première historique. Si les Jeux Olympiques modernes ont été annulés à trois reprises en raison des guerres mondiales (1916, 1940 et 1944), jamais ils n'avaient été reportés.

PARIS 2024

PARIS 2024

JEUX OLYMPIQUES D'AMSTERDAM 1928

La Grèce en tête des délégations

Le défilé des délégations lors de la cérémonie d'ouverture est conduit pour la première fois par la Grèce, en reconnaissance de l'origine antique des Jeux Olympiques. La reine Wilhelmine des Pays-Bas n'assistera pas à cet événement : considérant les Jeux Olympiques comme une « manifestation païenne », elle se désintéressa de l'organisation de l'événement par son pays, laissant à son mari, le prince Henri, le soin de déclarer officiellement les Jeux Olympiques ouverts lors de cette cérémonie au stade olympique d'Amsterdam.

PARIS
2024

PARIS 2024

JEUX OLYMPIQUES DE TOKYO 2020

JUDO

Uta et Hifumi Abe en or le même jour !

Double championne du monde, c'est Uta qui a dégainé la première chez les moins de 52 kg en dominant la Française Amandine Buchard. Quelques minutes plus tard, Hifumi Abe est sacré, lui, champion olympique, chez les moins de 66 kg, en battant le Géorgien Vazha Marguelashvili par waza-ari. C'est la première fois que deux frère et sœur remportent l'or olympique le même jour, dans la même discipline et dans deux tableaux différents. Une performance qu'ils avaient déjà réalisée lors des Mondiaux de 2018.

30

JANVIER

8 h 26 17 h 41

Ste Martine

PARIS
2024

PARIS 2024

JEUX OLYMPIQUES DE MELBOURNE 1956

BOXE

László Papp écrit sa légende

À 30 ans, le boxeur László Papp réalise le triplé. Après avoir gagné l'or aux Jeux Olympiques de Londres 1948 dans la catégorie des poids moyens, il gagne un nouveau titre à Helsinki en 1952 chez les super-welters. À Melbourne, le Hongrois prend le dessus sur l'Américain Jose Torres, futur champion du monde professionnel des poids mi-lourds. Trois titres en trois olympiades : seuls Stevenson et Savon réaliseront plus tard cet exploit. Après une brillante carrière amateur, László Papp passe professionnel quelques mois après les Jeux Olympiques de Melbourne. Champion d'Europe des moyens en 1962, cette légende du sport hongrois ne pourra concourir pour le titre de champion du monde et se retirera en 1964, sans avoir été battu (27 victoires et 2 nuls).

PARIS 2024

PARIS 2024

JEUX OLYMPIQUES DE SÉOUL 1988

VOILE

Thierry Peponnet et Luc Pillot : une première française

Parcours parfait pour Thierry Peponnet et Luc Pillot qui ont remporté la médaille d'or en voile dans la classe 470, avec une avance confortable sur les autres concurrents. Une belle consécration après leur médaille de bronze acquise aux Jeux Olympiques de Los Angeles 1984.
Cette victoire a été la première médaille d'or remportée par des navigateurs français dans cette discipline, et l'une des 9 médailles d'or remportées par la France lors de ces Jeux Olympiques. Le palmarès de Peponnet et Pillot compte également 2 titres de champion du monde (1985 et 1987) et plusieurs titres de champion d'Europe.

1er
FÉVRIER

☀ 8 h 24 ☀ 17 h 44

Ste Ella

PARIS 2024

JEUX OLYMPIQUES DE BEIJING 2008

ATHLÉTISME

Apparition de la natation marathon

La natation marathon a été introduite au programme olympique à Beijing en 2008. C'est la dernière discipline des sports aquatiques à faire son entrée au programme olympique. Cette épreuve se déroule en eau libre, les nageurs terminant en tête après avoir parcouru 10 km étant sacrés champions. À Tokyo en 2021, la quintuple championne du monde de la discipline, Ana Marcela Cuhna, a dû attendre ses troisièmes Jeux Olympiques pour décrocher le Graal. Florian Wellbrock s'adjuge également une médaille d'or, après avoir terminé sur la troisième marche du podium du 1500 m.

2

FÉVRIER

8 h 22 17 h 46

Présentation du Seigneur

PARIS 2024

JEUX OLYMPIQUES DE TOKYO 2020

SPORTS ÉQUESTRES

Jessica von Bredow-Werndl, la grande dame du dressage

Surnommée « la grande dame du dressage », Jessica von Bredow-Werndl a remporté la médaille d'or en individuel et la médaille d'or par équipes dans l'épreuve de dressage. La cavalière allemande a remporté ces 2 médailles avec son cheval Dalera, avec qui elle a également conquis plusieurs titres de championne d'Europe. Les succès olympiques se transmettent de génération en génération puisque Jessica von Bredow-Werndl est la fille de Christine Stückelberger, ancienne cavalière suisse de dressage qui a remporté 3 médailles olympiques au cours de sa carrière.

PARIS 2024

JEUX OLYMPIQUES D'HELSINKI 1952

AVIRON

Frank Havens, un cadeau en or pour son père

Choisi pour représenter les États-Unis en aviron dans le huit avec barreur aux Jeux Olympiques de 1924, le rameur Bill Havens refuse afin de demeurer près de son épouse qui attend leur premier enfant, son accouchement étant prévu au moment des Jeux Olympiques. Fin de carrière olympique pour ce sportif, mais vingt-huit ans plus tard, l'enfant en question, prénommé Frank, est devenu un champion de canoë monoplace au point de décrocher la médaille d'or dans le 10 000 m. Il enverra un télégramme à son père en lui disant : « Je rapporte à la maison la médaille d'or que tu aurais dû gagner ! »

4

FÉVRIER

8 h 19 17 h 49

Ste Véronique

PARIS 2024

JEUX OLYMPIQUES DE BARCELONE 1992

NATATION

Alexander Popov, le roi du 50 m et 100 m nage libre

Considéré comme l'un des meilleurs nageurs du monde dans les années 1990, Alexander Popov ne manque pas l'occasion d'enrichir son palmarès en 1992 à Barcelone. Il monte sur la plus haute marche du podium à l'issue des épreuves du 50 m et du 100 m nage libre. Il remporte également les médailles d'argent dans les relais 4 x 100 m nage libre et 4 x 100 m 4 nages. À Atlanta, quatre ans plus tard, le nageur russe réitérera exactement les mêmes performances. En revanche, il ne reviendra des Jeux Olympiques de Sydney qu'avec un titre de vice-champion sur le 100 m nage libre.

PARIS 2024

JEUX OLYMPIQUES DE MUNICH 1972

BASKET-BALL

Victoire très contestée de l'URSS sur les USA

La finale de basket-ball des Jeux Olympiques de Munich restera tristement dans les annales comme la plus controversée de l'histoire olympique. Les États-Unis mènent d'un point à quelques secondes de la fin du match suite à deux lancers francs réussis par Collins. L'URSS tente un shoot pour reprendre l'avantage. Manqué. Au coup de sifflet final, c'est la confusion. Alors que les Américains se congratulent, l'arbitre annonce qu'il reste trois secondes de jeu ! Cela suffit au Soviétique Belov pour marquer. Score final : 51-50. Les décisions arbitrales sont vivement contestées par les États-Unis, qui déposent une réclamation. En vain. De dépit, les Américains ne viennent pas chercher leur médaille d'argent.

PARIS 2024

JEUX OLYMPIQUES DE MONTRÉAL 1976

NATATION

Kornelia Ender, quatre à la suite !

La nageuse est-allemande Kornelia Ender remporte 4 médailles d'or aux Jeux Olympiques de Montréal, dans les épreuves de 100 m et 200 m nage libre, 100 m nage papillon, ainsi que dans le relais 4 x 100 m 4 nages. Dans ce bassin du stade olympique, elle ajoute à sa moisson canadienne 1 médaille d'argent obtenue dans l'épreuve du 4 x 100 m nage libre. Un bilan beaucoup plus élogieux que les 3 titres de vice-championne olympique acquis lors des Jeux Olympiques de Munich 1972.

PARIS 2024

JEUX OLYMPIQUES DE MONTRÉAL 1976

HANDBALL

Roswitha Krause, de la natation au hand

Roswitha Krause se distingue aux Jeux Olympiques de 1968 à Mexico en s'adjugeant la médaille d'argent en natation sur le relais 4 x 100 m nage libre. En 1970, elle décide de se lancer dans le handball. Avec succès. La sportive est-allemande est vice-championne olympique à Montréal en 1976, puis médaillée de bronze à Moscou en 1980. Très réputée pour ses qualités de tireuse, elle sera également championne du monde de handball en 1975 et 1978.

PARIS 2024

JEUX OLYMPIQUES DE MUNICH 1972

NATATION

Shane Gould, 15 ans et 5 médailles

Shane Gould remporte 5 médailles aux Jeux Olympiques de 1972 à Munich : 3 médailles d'or sur le 200 m 4 nages, le 200 m nage libre, le 400 m nage libre en battant à chaque fois le record du monde ! L'Australienne gagne aussi 1 médaille d'argent sur le 800 m nage libre et 1 médaille de bronze sur le 100 m nage libre. À 15 ans, elle est la plus jeune nageuse à remporter 3 titres et la seule à gagner 5 médailles dans une seule édition des Jeux Olympiques. Un an plus tard, elle décide de mettre un terme à sa carrière...

PARIS 2024

JEUX OLYMPIQUES D'ATLANTA 1996

ESCRIME

La reine Laura Flessel

Ce 21 juillet, la Guadeloupéenne entre dans l'Histoire en devenant la première championne olympique à l'épée. Cette médaille d'or, elle la conquiert face à une autre Française, Valérie Barlois, qui s'effondre en larmes. Déception passagère car les deux finalistes auxquelles se joint Sophie Moressée-Pichot s'imposent un peu plus tard face à l'Italie. Surnommée la « guêpe » en raison de sa spécificité à toucher les adversaires au pied, Laura Flessel poursuivra sa quête de médailles à Sydney et à Athènes. Quintuple médaillée olympique, elle est l'escrimeuse française la plus décorée de l'Histoire. De mai 2017 à septembre 2018, elle occupera le poste de ministre des Sports.

PARIS 2024

JEUX OLYMPIQUES DE ROME 1960

ATHLÉTISME

Abebe Bikila, le champion aux pieds nus

Sergent de la garde impériale éthiopienne, Abebe Bikila étonne le monde en abordant la prestigieuse épreuve du marathon… pieds nus. Dès le 10e kilomètre, il est dans le groupe de tête et, au train, de son allure souple, il lâche peu à peu ses adversaires. Seul lui résiste le Marocain Rhadi qui lâchera prise dans les derniers hectomètres. Avec le meilleur temps jamais réalisé sur un marathon, Abebe Bikila franchit en vainqueur la ligne d'arrivée sous l'arc Constantin. Tout un symbole : c'est de ce même monument, vingt-cinq ans plus tôt, que les troupes fascistes étaient parties à la conquête de l'Éthiopie. Abebe Bikila réalisera l'exploit de gagner une nouvelle médaille d'or aux Jeux Olympiques de Tokyo.

PARIS 2024

JEUX OLYMPIQUES DE BARCELONE 1992

ATHLÉTISME

Sur le 100 m haies, Patoulídou profite de la chute de Gail Devers

Le titre sur le 110 m haies semble promis à l'Américaine Gail Devers qui, en finale, fait la course en tête jusqu'à la dernière haie où elle chute. Paraskeví Patoulídou en profite, devançant LaVonna Ann Martin et Yordanka Donkova. La Grecque devient la première femme de son pays championne olympique. Classée cinquième de cette course, Gail Devers est plus heureuse sur le 100 m où elle s'empare du titre olympique.

PARIS 2024
PARIS 2024
PARIS 2024
PARIS 2024
PARIS
20 — 24

JEUX OLYMPIQUES DE MONTRÉAL 1976

ATHLÉTISME

Alberto Juantorena réalise le premier doublé 400 m/800 m de l'Histoire

Après des Jeux Olympiques très décevants en 1972, Alberto Juantorena mise gros sur ceux de Montréal. Malheureusement, sa préparation est perturbée par une double opération aux mollets. Alors qu'il est un grand spécialiste du 400 m, son entraîneur décide de l'inscrire sur 800 m, pour parfaire son entraînement. Cet « échauffement » se transforme en médaille d'or couronnée d'un nouveau record du monde. Quatre jours plus tard, le Cubain remporte le 400 m, devenant ainsi le seul athlète de l'histoire des Jeux Olympiques à être couronné sur 400 m et 800 m.

13

FÉVRIER

8 h 05 18 h 04

Ste Béatrice

PARIS 2024

JEUX OLYMPIQUES DE BARCELONE 1992

BASKET-BALL

La Dream Team

À Barcelone, pour la première fois, des joueurs américains issus de la NBA sont autorisés à participer aux Jeux Olympiques. L'équipe US se présente avec toutes ses stars tels Michael Jordan, Magic Johnson, Larry Bird, Charles Barkley... La Dream Team (l'équipe de rêve) va pulvériser tous ses adversaires, gagnant tous ses matchs avec un écart moyen de 44 points. La supériorité de la Dream Team est telle que le coach américain, Chuck Daly, ne demande aucun temps mort pendant toute la compétition. Même la Croatie arrivée en finale est balayée sur le score de 117-85.

PARIS 2024

JEUX OLYMPIQUES DE RIO DE JANEIRO 2016

VOILE

Charline Picon, une planche à médailles

Après avoir participé aux Jeux Olympiques de Londres, la véliplanchiste Charline Picon réussit pleinement ceux de Rio 2016 en s'imposant en finale de la RS:X Women. Elle termine cette finale à la première place avec un total de 24 points. La Rochelaise ne pourra pas malheureusement faire le doublé à Tokyo, s'adjugeant quand même la médaille d'argent acquise à l'issue de l'ultime régate, la Medal Race. En planche à voile RS:X, elle est la première femme à monter à deux reprises sur le podium olympique.

15

FÉVRIER

8 h 01 18 h 08

St Claude

PARIS 2024
PARIS
20 24

JEUX OLYMPIQUES D'ATLANTA 1996

VTT

Les premiers coups de pédale à Atlanta

Les courses de VTT, également connues sous le nom de *mountain bike*, ont fait leurs débuts olympiques en 1996. La première épreuve de cross-country masculine est remportée chez les hommes par le Néerlandais Bart Brentjens devant le Suisse Thomas Frischknecht et le Français Miguel Martinez, tandis que chez les femmes l'Italienne Paola Pezzo s'impose nettement devant la Canadienne Alison Sydor.

PARIS 2024

JEUX OLYMPIQUES DE MUNICH 1972

JUDO

Willem Ruska, double champion dans une même Olympiade

Wim Ruska décroche 2 titres olympiques, celui des poids lourds (plus de 93 kg) face à l'Allemand Klaus Glahn et celui des toutes catégories face au Russe Vitali Kusnetzov. Le Néerlandais avait réalisé la même performance lors des Championnats du monde à Voorburg aux Pays-Bas, quelques semaines auparavant. Il devient alors le premier double champion olympique de l'histoire du judo. Clarisse Agbégnénou fera aussi bien lors des Jeux Olympiques 2020 à Tokyo.

JEUX OLYMPIQUES DE MOSCOU 1980

NATATION

Les pays de l'Est sans partage

En l'absence des grandes nations occidentales qui boycottent ces Jeux Olympiques de Moscou, les nageuses est-allemandes remportent 30 médailles sur 78 en jeu. Comme les nageurs de l'URSS se distinguent également, les autres nations doivent se contenter de 6 titres seulement. La nageuse est-allemande Barbara Krause récolte, à elle seule, 3 médailles d'or tout comme le Soviétique Vladimir Salnikov.

PARIS 2024

JEUX OLYMPIQUES D'ATLANTA 1996

JUDO

Japon, France et Corée du Sud, rois du tatami

Aux Jeux Olympiques d'Atlanta, trois nations dominent les épreuves de judo : le Japon avec un total de 8 médailles dont 3 en or, la France et ses 6 médailles dont 3 également en or (David Douillet, Djamel Bouras, Marie-Claire Restoux) et la Corée du Sud.
Ces pays ont raflé 8 titres sur les 14 en jeu.

PARIS 2024
PARiS 2024
PARiS
20 — 24
PARIS PARiS

JEUX OLYMPIQUES DE TOKYO 2020

ATHLÉTISME

L'outsider Marcell Jacobs sur le 100 m

Qui va succéder à Usain Bolt sur le mythique 100 m ? Nombreux spéculent sur une nouvelle victoire américaine. Peu sur l'outsider italien Marcell Jacobs, qui avait pourtant fait sensation en demi-finale. C'est pourtant lui qui se montre le plus rapide (9"80), devançant l'Américain Fred Kerley et le Canadien Andre De Grasse. Jacobs est le premier champion olympique européen de la distance depuis le Britannique Linford Christie, en 1992. Il décroche une seconde médaille d'or sur le relais 4 x 100 m, grâce à un ultime relais de feu de Filippo Tortu qui subtilise la victoire à la Grande-Bretagne.

PARIS 2024

JEUX OLYMPIQUES DE BARCELONE 1992

GYMNASTIQUE ARTISTIQUE

Vitali Scherbo, sextuple champion

Presque le Grand Chelem ! Vitali Scherbo est un des grands noms des Jeux Olympiques de Barcelone. Le gymnaste biélorusse récolte 6 médailles d'or sur 8 possibles (concours général individuel, par équipes, cheval d'arçons, anneaux, saut de cheval, barres parallèles). Quatre ans plus tard à Atlanta, le roi de la gymnastique artistique est déchu : blessé à l'épaule, Vitali Scherbo doit se contenter de 4 médailles de bronze.

PARIS 2024
PARIS
20 — 24

JEUX OLYMPIQUES DE MUNICH 1972

ATHLÉTISME

Le jour de gloire de Vasala

Spécialiste du 800 et du 1500 m, Pekka Vesala connaît une année 1972 exceptionnelle. La meilleure de sa carrière : un record d'Europe au 800 m établi à Helsinki, et une participation victorieuse aux Jeux Olympiques de Munich. Sur le 1500 m, le Finlandais résiste aux accélérations du grand favori, le Kényan Kip Keino. Revenu à sa hauteur à 80 mètres de la ligne d'arrivée, il le coiffe sur le fil. C'est le jour de gloire du Finlandais qui ne fera plus beaucoup parler de lui ensuite...

PARIS 2024

JEUX OLYMPIQUES D'ATLANTA 1996

GYMNASTIQUE

Kerri Strug, au-delà de la souffrance

Elle n'était peut-être pas la plus talentueuse de l'équipe des États-Unis. Mais ce 23 juillet 1996, elle devient une icône par son courage physique. Dans l'épreuve du saut à cheval, la médaille d'or par équipes est entre ses mains. À son premier saut, elle ressent une vive douleur à la cheville à la réception. Son entraîneur, peu conscient de la gravité de la blessure, lui demande d'effectuer un second saut. Kerri Strug s'élance sur sa cheville abîmée et atterrit parfaitement, sans hésitation. Sur une jambe, elle salue les juges et la foule, avant de s'effondrer de douleur sur le tapis. Sa cheville a cédé, mais le saut est parfait, les notes sont suffisantes et les États-Unis remportent pour la première fois le concours par équipes. Son entraîneur la portera dans ses bras jusqu'au podium pour qu'elle reçoive sa médaille d'or.

PARIS 2024

JEUX OLYMPIQUES D'ATLANTA 1996

FOOTBALL

Vraiment des Super Eagles !

Déjà vainqueurs du Brésil en demi-finale à l'issue d'un match très spectaculaire (4-3 après prolongations), les Nigérians se voient opposer les autres grands favoris de la compétition, les Argentins de Crespo, Zanetti... Comme lors de la confrontation avec les Auriverde, les Super Eagles sont menés deux fois, mais réussissent par leur agilité, leur maîtrise technique, leur détermination, à revenir au score pour finalement s'imposer 3-2 grâce à un but d'Amunike à la 90e minute. Le Nigeria entre dans l'Histoire en devenant la première nation africaine championne olympique de football.

PARIS 2024
PARIS

JEUX OLYMPIQUES GÉNÉRATION

FRATRIE EN OR

Depuis leur renaissance en 1896, les Jeux Olympiques ont réuni des fratries, parfois couronnées de titres. Les escrimeurs italiens Nedo et Aldo Nadi, Edoardo et Dario Mangiarotti, les tennismen et women Bob et Mike Bryan, Serena et Venus Williams, Andy et Jamie Murray, les judokas Uta et Hifumi Abe, les handballeurs Nikola et Luka Karabatic, les nageurs Laure et Florent Manaudou...

PARIS 2024

JEUX OLYMPIQUES D'ATLANTA 1996

ATHLÉTISME

Donovan Bailey, le plus rapide sur 100 m

Donovan Bailey inscrit son nom dans le palmarès du mythique 100 m olympique. Gérant sereinement une série de faux départs dont pâtit Linford Christie, disqualifié, il devance Frankie Fredericks et Ado Bolton. Donovan Bailey réalise un temps exceptionnel de 9"84, nouveau record du monde. Seul Usain Bolt fera mieux lors des Jeux Olympiques de 2008. Comme Carl Lewis, il est alors détenteur des titres mondial, olympique et du record du monde.

JEUX OLYMPIQUES DE LOS ANGELES 1984

ATHLÉTISME

Carl Lewis superstar

Difficile de résumer en quelques lignes l'incroyable carrière de Carl Lewis. 1984 marque ses plus grands succès : l'athlète américain remporte 4 médailles d'or olympiques, égalant le record établi par Jesse Owens en 1936. Il fait étalage de toute sa classe sur le 100 m, le 200 m, le 4 x 100m (avec un nouveau record du monde) et le saut en longueur.

Le roi Carl poursuivra sa ruée vers l'or lors de trois autres Olympiades, récoltant 5 nouveaux titres : le saut en longueur (1988, 1992, 1996), le 4 x 100 m en 1992 et le 100 m en 1988, après la disqualification de Ben Johnson. Carl Lewis se veut toujours un ambassadeur olympique et a plaidé avec d'autres champions américains pour la tenue des Jeux Olympiques en 2028 à Los Angeles.

PARIS 2024
PARIS
20 — 24
PARIS PARIS PARIS PARIS

JEUX OLYMPIQUES DE BARCELONE 1992

TIR

Le skeet mixte remportée par la Chinoise Shan Zhang

Apparu au programme olympique à Mexico 1968, le skeet (une des disciplines du ball-trap) est alors une épreuve mixte. Lors de la finale le 28 juillet 1992, la Chinoise Shan Zhang, une des sept femmes engagées, fait sensation en devenant la première (et la dernière) femme à s'imposer sur l'épreuve de tir… devant soixante tireurs hommes. Lors de la cérémonie de remise des médailles, Zhang est portée en triomphe par les médaillés d'argent et de bronze. Après les Jeux Olympiques de Barcelone, l'Union internationale de tir interdit aux femmes de concourir avec les hommes… C'est seulement en 2000 que sera introduite une épreuve de skeet féminine.

PARIS 2024
PARIS 2024
PARIS 2024
PARIS 2024
PARIS 20 24
PARIS PARIS PARIS PARIS PARIS PARIS
PARIS 20 — 24 PARIS
PARIS 20 24
PARIS 2024

JEUX OLYMPIQUES DE STOCKHOLM 1912

ESCRIME

Otto Herschmann médaillé en natation et en escrime

Le 11 avril 1896 à Athènes, Otto Herschmann termine deuxième du 100 m nage libre, la première course de natation des Jeux Olympiques modernes. Seize ans plus tard, il monte de nouveau sur un podium olympique pour recevoir une médaille d'argent... en escrime, au sabre par équipes. Alors à la tête du CIO autrichien, il est le seul président d'un Comité national olympique à avoir remporté un titre durant son mandat. De confession juive, Otto Herschmann sera victime de la barbarie nazie et mourra dans un camp de concentration en 1942.

1er
MARS

7 h 34 18 h 31

St Aubin

PARIS
2024

PARIS 2024

JEUX OLYMPIQUES DE BERLIN 1936

AUTOMOBILE

Un équipage anglais privé de stade

C'est en tant que sport de démonstration que l'automobile est programmée aux Jeux Olympiques de Berlin 1936. Adolf Hitler veut faire de cette épreuve la démonstration que l'industrie allemande et ses pilotes sont les plus performants. Mais lorsqu'il apprend que la Britannique Betty Haig, unique pilote féminine de la compétition, et sa navigatrice Barbara Marshall sont en tête à l'issue du rallye qui a traversé toute l'Allemagne, il ordonne de modifier la fin de parcours initialement prévue dans le stade olympique de Berlin. Pas de tour d'honneur triomphal pour l'automobile anglaise et ses occupantes : l'arrivée a lieu dans un endroit désert à quelques kilomètres du stade.

PARIS
2024

PARIS 2024

JEUX OLYMPIQUES DE MONTRÉAL 1976

GYMNASTIQUE ARTISTIQUE

Sawao Kato, le plus titré

Sawao Kato est alors l'adversaire le plus redouté des Soviétiques, grands rivaux des Japonais en gymnastique artistique. En trois Olympiades (Jeux Olympiques de Mexico 1968, de Munich 1972 et de Montréal 1976), il remporte 12 médailles dont 8 en or (2 titres du concours général en 1968 et en 1972, et la compétition par équipes lors des trois éditions). Il s'adjuge également un concours au sol et à deux reprises les barres parallèles. Il est le gymnaste masculin le plus titré de l'histoire des Jeux Olympiques.

PARIS
2024

PARIS 2024

JEUX OLYMPIQUES DE RIO DE JANEIRO 2016

ATHLÉTISME

Thiago Braz da Silva : or et record

Même s'il fut champion du monde junior en 2012, le palmarès du Brésilien n'affiche pas ensuite de performances exceptionnelles. Mais à Rio, le perchiste décolle véritablement avec un titre décroché dès ses premiers Jeux Olympiques. À l'issue d'un concours haletant qui le voit se confronter au Français Renaud Lavillenie, champion olympique en titre, il franchit la barre placée à 6,03 m ! Record olympique battu (que détenait... Renaud Lavillenie) et médaille d'or pour le Brésilien qui ne pourra pas renouveler cet exploit à Tokyo, terminant troisième du concours.

PARIS 2024

PARIS 2024

JEUX OLYMPIQUES D'HELSINKI 1952

ATHLÉTISME

Apparition de la perche en fibre de verre

Présente dès les premiers Jeux Olympiques de l'ère moderne en 1896, l'épreuve de saut à la perche se dispute alors en utilisant un matériel en bois ou en bambou, remplacé quarante ans plus tard par le métal. Au début des années 1959, ce sport connaît une mutation majeure avec l'apparition de matériaux en fibre de verre. Si aux Jeux Olympiques d'Helsinki 1952 l'Américain Bob Richards remporte le concours avec une perche classique, le Grec Georgios Roubanis, seul concurrent à se doter d'une perche en fibre de verre, monte sur la troisième place du podium.
La révolution est en marche...

PARIS
2024

PARIS 2024

JEUX OLYMPIQUES DE SÉOUL 1988

NATATION

Kristin Otto : une seule Olympiade, mais 6 médailles d'or !

Kristin Otto est considérée comme l'une des nageuses les plus complètes de tous les temps. Déjà pourvue d'un palmarès impressionnant, la nageuse est-allemande éclabousse de sa classe les Jeux Olympiques de Séoul 1988. À seulement 20 ans, elle remporte 6 courses dont 4 individuelles, entrant dans l'Histoire en étant la première sportive à réaliser cet exploit sur une seule Olympiade. Fait rare, elle s'impose dans trois disciplines différentes : le crawl, le dos et le papillon.

PARIS 2024

PARIS 2024

JEUX OLYMPIQUES DE TOKYO 2020

RUGBY À SEPT

Fidji récidive

Les Fidjiens sont décidément intraitables dans cette discipline ! Déjà vainqueurs à Rio 2016, ils récidivent à Tokyo 2020, en battant les Néo-Zélandais sur le score sans appel de 27 à 12. Cette médaille d'or ne souffre pas la contestation : les Fidjiens ont gagné tous leurs matchs, y compris contre les favoris « All Blacks Seven » qui échouent encore à conquérir le seul titre majeur qui leur manque. Ils apportent à leur archipel la deuxième médaille d'or olympique de son histoire.

PARIS 2024

PARIS 2024

JEUX OLYMPIQUES DE PARIS 1924

Construction du premier village olympique à Colombes

C'est à Colombes (Hauts-de-Seine) qu'est construit le premier village olympique de l'histoire des Jeux Olympiques. Il vise à faciliter le respect de la règle instaurée en 1924 selon laquelle « le Comité organisateur des Jeux Olympiques est tenu de fournir aux athlètes des logements, des objets de couchage et de la nourriture, à un prix forfaitaire qui devra être fixé préalablement par tête et par jour ». Une soixantaine de maisons en bois sont construites, à deux pas du stade, raccordées à l'électricité, à l'eau courante et dotées de salles de bains. Les habitations sont prévues pour trois personnes. Le confort y est très sommaire. Mais c'est une petite cité qui est aménagée, avec des bureaux de poste et de change, un service de garde d'objets, un service télégraphique et téléphonique, une blanchisserie, un kiosque à journaux et un salon de coiffure.

8
MARS

7 h 20 — 18 h 42

St Jean de Dieu

PARIS
2024

PARIS 2024

JEUX OLYMPIQUES DE MEXICO 1968

CYCLISME SUR PISTE

Daniel Rebillard, l'inattendu

C'est une des belles histoires de l'histoire olympique. Inconnu en France trois mois avant les Jeux Olympiques, Daniel Rebillard se révèle lors du Championnat de France de poursuite, où il décroche la deuxième place et séduit Louis Gérardin, entraîneur des Tricolores, qui l'inclut dans l'équipe olympique de poursuite à quatre. À Mexico 1968, le jeune Lyonnais de 19 ans se montre très performant au point de prendre l'avantage sur le champion de France de la spécialité, Bernard Darmet. À la surprise générale, il se voit proposer l'unique place française dans le tournoi de poursuite individuelle. Avec décontraction, il se qualifie pour la finale qu'il gagne !

PARIS 2024

PARIS 2024

JEUX OLYMPIQUES DE TOKYO 2020

ATHLÉTISME

Armand Duplantis au sommet de son art

Ce 3 août 2021 à Tokyo, Armand Duplantis décroche le titre à la perche, sans surprise. Grand favori, l'athlète suédois a besoin de cinq sauts et d'une hauteur à 6,02 m pour remporter l'or, devançant Christopher Nilsen (5,97 m) et le tenant du titre Thiago Braz (5,87 m). Il s'attaque alors au record du monde, mais échoue trois fois à 6,19 m. Il sera plus heureux un peu plus tard lors d'un Championnat du monde à Eugene, passant la barre à 6,21 m, meilleure performance alors jamais réalisée. Il établit son cinquième record du monde consécutif en deux ans et demi, son troisième en 2022. « Mondo » plane vraiment au-dessus de la concurrence...

10

MARS

7 h 16 18 h 45

St Vivien

PARIS 2024

PARIS 2024

JEUX OLYMPIQUES DE TOKYO 2020

KARATÉ

Steven Da Costa vainqueur d'une médaille d'or historique

Ce 5 août 2021 restera gravé à tout jamais dans la mémoire de Steven da Costa. Face au Turc Eray Samdan, le karatéka français conquiert avec brio et aisance la médaille d'or des moins de 67 kg. Une récompense logique pour celui qui conservera son titre de champion du monde quelques mois plus tard, puis gagnera un nouveau Championnat d'Europe en 2023. Hélas, Steven Da Costa ne pourra pas étoffer son impressionnant palmarès d'un nouveau titre olympique, le karaté n'ayant pas été retenu au programme des Jeux Olympiques de Paris 2024.

PARIS 2024

PARIS 2024

JEUX OLYMPIQUES DE RIO DE JANEIRO 2016

ATHLÉTISME

Elaine Thompson-Herah réussit un « double-double » en sprint

Elaine Thompson-Herah avait déjà fait une entrée fracassante dans les Jeux Olympiques de Rio 2016 en reportant le 100 m et le 200 m. Mais elle entre dans l'Histoire en réalisant le même exploit aux Jeux Olympiques de Tokyo 2020, devenant la première athlète à conserver ainsi les 2 titres du sprint féminin. Ces médailles s'accompagnent de temps canon. Sur chacune des deux distances, la Jamaïcaine réalise la deuxième meilleure performance de tous les temps. À Tokyo, elle peaufinera ces Jeux Olympiques exceptionnels en participant à la victoire de la Jamaïque dans le relais 4 × 100 m.

12

MARS

7 h 11 — 18 h 48

Ste Justine

PARIS 2024

PARIS 2024

JEUX OLYMPIQUES DE TOKYO 1964

Les premiers Jeux Olympiques à se dérouler en Asie

Les Jeux Olympiques de la XVIIIe Olympiade sont les premiers à être organisés en Asie. Initialement, Tokyo devait accueillir l'événement en 1940, mais la guerre sino-japonaise avait contraint le CIO à l'annulation. Vingt-quatre ans plus tard, la capitale de l'Empire du Levant se pare enfin des couleurs olympiques. C'est l'empereur Hirohito qui déclare ouverts les Jeux Olympiques de Tokyo 1964, ceux de la renaissance d'un Japon qui s'est relevé des ravages de la guerre et reconstruit en tant que démocratie pacifique. Des investissements considérables ont permis de construire des installations sportives ultramodernes. La modernité des infrastructures routières et des transports se conjugue avec le développement rapide des moyens de communication : les Jeux Olympiques de Tokyo 1964 sont les premiers à être diffusés en direct par satellite dans le monde entier.

PARIS 2024

PARIS 2024

JEUX OLYMPIQUES D'ATHÈNES 2004

Le relais de la flamme parcourt les cinq continents

Pour la première fois, et pour célébrer le retour des Jeux Olympiques dans leur pays d'origine, un relais mondial de la flamme a été organisé. Avant de retourner en Grèce, il a traversé les cinq continents, référence aux cinq anneaux olympiques. La flamme est passée par toutes les villes ayant accueilli les Jeux Olympiques depuis 1896, ainsi que par d'autres villes ayant occupé une place importante dans le sport, l'histoire ou la culture.

PARIS 2024

PARIS 2024

JEUX OLYMPIQUES DE SYDNEY 2000

CYCLISME

Miguel Martinez, irrésistible

Après avoir gagné la médaille de bronze à Atlanta 1996, Miguel Martinez est plus motivé que jamais, ce dimanche 24 septembre 2000, lorsqu'il s'élance sur le circuit de Fairfield à l'ouest de Sydney. Et c'est avec détermination qu'il porte une violente attaque dans l'avant-dernier des sept tours de la course, lâchant ses adversaires, le Belge Filip Meirhaeghe et le Suisse Christoph Sauser. Cette médaille d'or dans l'épreuve de cross-country de vélo tout-terrain (VTT) marquera une année 2000 exceptionnelle pour le Nivernais, vainqueur également du Championnat du monde et de la Coupe du monde.

15
MARS
7 h 05 18 h 53
Ste Louise

PARIS
2024

PARIS 2024

JEUX OLYMPIQUES D'HELSINKI 1952

SPORTS ÉQUESTRES

Pierre Jonquères d'Oriola sauve l'honneur

Pierre Jonquères d'Oriola demeure le plus célèbre cavalier français, sélectionné à sept reprises aux Jeux Olympiques, en 1948 (comme remplaçant), 1952, 1956, 1960, 1964, 1968 et 1972 (qu'il n'honora pas). Avec son cheval Ali Baba, cet homme au fort caractère gagne sa première médaille d'or au concours individuel de saut d'obstacles en 1952 à Helsinki. Il récidivera douze ans plus tard à Tokyo sur Lutteur B. Un titre acquis lors de la dernière journée des Jeux Olympiques… et le seul de la délégation française.

PARiS 2024

PARiS 2024

JEUX OLYMPIQUES DE BARCELONE 1992

ATHLÉTISME

L'année Sotomayor

Pour ses premiers Jeux Olympiques, dans le beau stade catalan de Montjuic, le Cubain Javier Sotomayor marque un grand coup et franchit la barre de 2,35 m. Ce qui est suffisant pour gagner la médaille d'or. Le Cubain dominera cette discipline pendant les six années suivantes, inscrivant durablement son nom comme recordman du monde avec un saut de 2,45 m réalisé en juillet 1993. Sa onzième place aux Jeux Olympiques d'Atlanta 1996 sera très décevante, due en partie à une blessure. En 2000 à Sydney, il se contentera de la médaille d'argent, devant s'incliner devant le Russe Sergey Klyugin. Javier Sotomayor reste malgré tout un des plus grands sauteurs en hauteur de son époque, réalisant sept des dix meilleurs sauts de tous les temps en extérieur.

17
MARS

7 h 01 — 18 h 56

St Patrick

PARIS 2024

PARIS 2024

JEUX OLYMPIQUES DE LONDRES 1908

ATHLÉTISME

Ray Ewry règne sur le saut sans élan

Atteint de poliomyélite durant son adolescence, le jeune Ray Ewry surmonte sa maladie et se lance avec détermination dans la pratique du sport. L'Américain se spécialise dans des disciplines « sans élan » qui ne sont plus pratiquées aujourd'hui : le saut en hauteur, le saut en longueur et le triple saut. Lors des Jeux Olympiques de Paris 1900, alors qu'il a 27 ans, il gagne 3 titres olympiques dans chacune de ces disciplines. Un triplé qu'il récidivera quatre ans plus tard à Saint-Louis, ajoutant 2 autres sacres aux Jeux Olympiques de Londres 1908. Avec les 2 titres obtenus lors des Jeux Olympiques intercalaires de 1906, Jeux Olympiques aujourd'hui non reconnus, le palmarès de Ray Ewry affiche 10 médailles d'or.

PARIS
2024

PARIS 2024

JEUX OLYMPIQUES DE PARIS 1924

Apparition de la devise olympique

« *Citius, Altius, Fortius* » (dont la traduction officielle est « plus vite, plus haut, plus fort ») est la devise olympique adoptée lors de la création du Mouvement olympique en 1894, à l'initiative de Pierre de Coubertin. Il l'a empruntée à son ami Henri Didon, un prêtre dominicain qui enseignait le sport à ses élèves près de Paris. Elle fait officiellement son apparition lors des Jeux Olympiques de Paris 1924, les derniers dirigés par le rénovateur de l'olympisme.

PARIS 2024

PARIS 2024

JEUX OLYMPIQUES DE BERLIN 1936

La cérémonie d'ouverture retransmise en direct à la télévision

La cérémonie d'ouverture des Jeux Olympiques de Berlin 1936 est le premier grand événement de l'Histoire retransmis en direct à la télévision. Trois caméras, dont une seule peut retransmettre en direct, quatre sites olympiques couverts et soixante-douze heures de retransmission : la technologie balbutie, mais la performance est indéniable, réalisée au profit de la propagande de l'Allemagne nazie. Dans la continuité de ces retransmissions, un film est réalisé par Leni Riefenstahl, *Les Dieux du stade*, qui vante également l'organisation de ces Jeux Olympiques.

PARIS
2024

PARIS 2024

JEUX OLYMPIQUES ET PARALYMPIQUES DE SÉOUL 1988

PARIS 2024

Première fois dans la même ville

À partir de Séoul 1988, les Jeux Olympiques et Paralympiques ont lieu systématiquement dans la même ville, à quelques semaines d'intervalle. Ce choix marque incontestablement l'avènement des Jeux Paralympiques modernes. Des Jeux véritablement universels et parfaitement organisés qui offrent aux sportifs l'opportunité de concourir sur les sites olympiques, avec des installations parfaitement conçues pour cette occasion.

21
MARS
6 h 53 19 h 02
Ste Clémence

PARIS
2024

PARIS 2024

JEUX OLYMPIQUES DE RIO DE JANEIRO 2016

CYCLISME SUR ROUTE

Contre-la-montre

Cancellara, une dernière en apothéose !
Déjà médaillé d'or contre-la-montre sur route en 2008, Fabian Cancellara termine en apothéose sa formidable carrière, se montrant une nouvelle fois le meilleur dans sa discipline favorite devant Tom Dumoulin et Christopher Froome. À 35 ans, sur les 54,5 km du parcours du contre-la-montre olympique, « Spartacus » n'a pas manqué sa sortie. Le quadruple champion du monde met ainsi la dernière ligne à un palmarès abondamment fourni, incluant une douzaine de Classiques (dont trois Paris-Roubaix) et onze étapes du Tour de France.

PARIS
2024

PARIS 2024

JEUX OLYMPIQUES DE PARIS 1900

CRICKET

Un seul match olympique

Le cricket fait partie du programme des Jeux Olympiques de 1896, mais l'épreuve est annulée à cause du manque de participants. En 1900, trois matchs sont prévus au vélodrome de Vincennes : France-Belgique, France-Pays-Bas et France-Grande-Bretagne. Seul le troisième a lieu car les Néerlandais ne trouvent pas suffisamment de joueurs et les Belges n'envoient pas d'équipe. Ce match, le seul de l'histoire du cricket aux Jeux Olympiques, a lieu les 19 et 20 août. La Grande-Bretagne est officiellement créditée de la victoire face à la France. En fait, le match a opposé les joueurs d'un club anglais à des Tricolores... membres majoritairement britanniques de deux clubs parisiens.

PARIS 2024

PARIS 2024

JEUX OLYMPIQUES ET PARALYMPIQUES D'ATLANTA 1996

TIR À L'ARC

Paola Fantato la même année aux Jeux Olympiques et aux Jeux Paralympiques

Atteinte de poliomyélite, Paola Fantato se déplace en fauteuil roulant depuis l'âge de 8 ans. Adulte, elle commence à pratiquer le tir à l'arc en compétition. Avec succès comme le prouvent les 5 médailles d'or, 2 de bronze et 1 d'argent obtenues lors des cinq Jeux Paralympiques qu'elle a disputés (1988, 1992, 1996, 2000, 2004). Son talent lui vaudra d'être sélectionnée pour les Jeux Olympiques d'Atlanta 1996 où elle se classera neuvième à l'épreuve par équipes et cinquante-quatrième en individuelle. Elle est la première à prendre part aux Jeux Olympiques et Paralympiques la même année.

PARIS 2024

PARIS
2024

JEUX OLYMPIQUES DE MEXICO 1968

ATHLÉTISME

Kipchoge Keino, le précurseur

Kipchoge Keino aborde ces Jeux Olympiques avec d'importants soucis de santé et contre l'avis des médecins qui lui demandent d'y renoncer. Après avoir manqué sa course du 10 000 m, il échoue d'un rien sur le 5000 m, derrière Mohamed Gammoudi. Il annonce alors renoncer à la course du 1500 m… avant de revenir tardivement sur sa décision. Il s'impose alors une course pour accéder au stade olympique à temps ! Un échauffement salutaire : Kip Keino termine premier avec plus de 20 mètres d'avance sur Jim Ryun. Le précurseur d'une grande lignée de coureurs kényans s'adjugera une autre médaille d'or en 1972 à Munich sur le 3000 m steeple.

PARIS
2024

PARIS 2024

JEUX OLYMPIQUES D'ATHÈNES 2004

Le retour des Jeux Olympiques dans leur berceau originel, la Grèce

La capitale grecque est désignée pour la deuxième fois ville organisatrice de cet événement après avoir accueilli les premiers Jeux Olympiques modernes de l'histoire en 1896. Cette attribution est perçue pour beaucoup comme une compensation à l'échec de la capitale grecque à l'organisation des Jeux Olympiques du centenaire de 1996 qui aurait dû revenir de droit à Athènes, berceau de l'olympisme. Des sites antiques sont rénovés : le lancer du poids se déroule dans l'ancien stade d'Olympie ; le stade panathénaïque accueille les compétitions de tir à l'arc et l'arrivée du marathon… qui part de Marathon.

PARIS
2024

PARIS 2024

JEUX OLYMPIQUES D'ATHÈNES 2004

NATATION

Ian Thorpe, l'Australien aux 5 titres olympiques !

Il a suffi de deux participations aux Jeux Olympiques
pour faire de Ian Thorpe le huitième nageur
le plus médaillé de l'histoire des Olympiades.
À Athènes 2004, outre l'or sur le 400 m nage libre
et l'argent sur le 200 m nage libre, le prodige australien
est un des moteurs des courses de relais, donnant
à son pays 2 autres titres. Avec 4 autres médailles obtenues
en 2008 à Sydney dont 2 d'or, Thorpe entre
dans la légende en devenant le premier nageur médaillé
sur les 100, 200 et 400 m à des Jeux Olympiques.
Ce géant aux pieds d'argile et à la vie tourmentée demeure
celui qui sera le premier à revêtir une combinaison
intégrale en compétition.

27
MARS
6 h 40 19 h 11
St Habib

PARIS
2024

PARIS 2024

JEUX OLYMPIQUES DE MONTRÉAL 1976

Pour la première fois, une femme ouvre officiellement les Jeux Olympiques

Ce 17 juillet 1976 à Montréal, la reine Élisabeth II, reine du Canada, prononce la phrase rituelle : « Je déclare ouverts les Jeux Olympiques de 1976, célébrant la XXIe Olympiade de l'ère moderne. » Pour la première fois depuis la renaissance des Jeux Olympiques en 1896, c'est une femme qui préside cet événement. Elle renouvellera cet exercice à l'occasion des Jeux Olympiques de Londres 2012.

PARIS
2024

PARIS 2024

JEUX OLYMPIQUES DE TOKYO 2020

FOOTBALL

Les Auriverde de nouveau en or

Les Jeux Olympiques réussissent bien aux footballeurs brésiliens ! En bronze en 2008, en argent en 2012, les Auriverde poursuivent leur progression en montant sur la plus haute marche du podium en 2016 à Rio. Puis en 2020, emmenés par l'expérimenté capitaine Dani Alves, 38 ans, les Brésiliens conservent leur titre olympique à Tokyo face à l'Espagne, grâce à l'ancien joueur de Bordeaux et de Barcelone, Malcom, qui marque le but décisif lors de la prolongation (2-1, 108e). Déjà vaincue en 2000 à Sydney en finale, l'Espagne échoue une nouvelle fois dans son ambition d'un second sacre après celui obtenu à Barcelone 1992.

PARIS 2024

PARIS 2024

JEUX OLYMPIQUES DE LONDRES 1908

ATHLÉTISME

Marathon : une distance royale

Lors des Jeux Olympiques de Londres 1908, la famille royale anglaise souhaite un départ du marathon au château royal de Windsor et une arrivée dans le stade de White City. 41,83 km séparent Windsor de ce stade. Mais quelques centaines de yards sont ajoutés pour satisfaire la requête de la famille royale exigeant une ligne d'arrivée devant la loge du stade qui leur est réservée. Suite à cette modification, de nombreux débats ont lieu pour déterminer la distance officielle de l'épreuve : en 1921, elle est définitivement fixée à 42,195 km.

PARIS 2024

PARIS 2024

JEUX OLYMPIQUES D'ATHÈNES 2004

FOOTBALL

L'équipe d'Irak aux portes de l'exploit

Après un excellent parcours dans le tournoi olympique (avec d'emblée une très belle victoire contre le Portugal de Cristiano Ronaldo), l'équipe irakienne perd contre le Paraguay en demi-finale (1-3), puis contre l'Italie (0-1) pour l'attribution de la médaille de bronze. Mais ce que l'on retiendra, c'est le symbole, la résilience des sportifs d'un pays en plein chaos suite à l'intervention des USA un an plus tôt.

PARIS
2024

PARIS 2024

JEUX OLYMPIQUES DE MELBOURNE 1956

ATHLÉTISME

Love story contrariée

Olga Fikotová est lanceuse de disque, Harold « Hal » Connelly est lanceur de marteau. Tous deux seront médaillés d'or dans leur discipline. Mais elle est tchécoslovaque et lui américain. Leur amour naissant dans les vestiaires des Jeux Olympiques de Melbourne est contrarié par les tensions politiques entre les blocs de l'Est et de l'Ouest. Grâce à l'intervention personnelle d'Emil Zatopek, la « love story » aboutit à l'union de ces deux sportifs à Prague, un an plus tard. Tous deux continueront leur carrière sportive, participant à plusieurs Jeux Olympiques, sans toutefois monter de nouveau sur un podium...

PARIS 2024

JEUX OLYMPIQUES DE LOS ANGELES 1984

Pari perdu

Avant les Jeux Olympiques de Los Angeles 1984, la société McDonald's lance une opération marketing basée sur une règle très simple : quand un Américain remporte une médaille de bronze, un soda est offert. Pour l'argent, ce sont des frites. Et pour une médaille d'or, c'est le Big Mac. Notamment en raison du boycott de l'URSS et des pays de l'Est, les États-Unis font carton plein lors de ces Jeux Olympiques avec 174 médailles, dont 83 en or. Un succès qui fait perdre des millions de dollars à McDonald's.

PARIS 2024

JEUX OLYMPIQUES DE SYDNEY 2000

AVIRON

Steve Redgrave, le plus grand rameur de tous les temps

Le Britannique ne repart jamais des Jeux Olympiques sans médaille, et souvent elle est en or. Début de l'aventure en 1984 avec le quatre avec barreur, puis dans la catégorie deux sans barreur à Séoul 1988, à Barcelone 1992 et à Atlanta 1996, ajoutant un cinquième titre olympique à Sydney dans le quatre sans barreur. À 38 ans, il est l'un des cinq sportifs à avoir remporté au moins une médaille d'or dans cinq éditions successives des Jeux Olympiques. Ce multiple champion du monde est considéré comme le plus grand rameur de tous les temps.

PARIS 2024

JEUX OLYMPIQUES DE ROME 1960

VOILE

Le Danois Elvström remporte sa quatrième médaille d'or

Compétiteur inventif, respecté et élégant, Paul Elvström participe à huit Jeux Olympiques entre 1948 et 1988, récoltant 4 médailles d'or consécutives, en Firefly en 1948 à Londres et en Finn à Helsinki 1952, Melbourne 1956 et Rome 1960. Il est à ce titre l'un des navigateurs les plus titrés de la voile olympique. En 1988, pour son dernier virement de bord aux Jeux Olympiques, il est aux côtés de sa fille, à bord d'un Tornado, pour la course en équipage. Paul Elvström, qui a également collectionné 11 titres mondiaux, sera un merveilleux ambassadeur de ce sport à travers des livres, des conférences. Il créera une voilerie qui porte son nom.

PARIS 2024

JEUX OLYMPIQUES DE LOS ANGELES 1932

La cérémonie des médailles sur le lieu même de la compétition

Ces Jeux Olympiques de Los Angeles 1932 marquent une évolution dans l'organisation de l'événement. Pour la première fois, la durée des Jeux Olympiques est concentrée sur seize jours. Par ailleurs, la cérémonie de remise des médailles est désormais effectuée sur un podium sur le lieu même de la compétition, avec le lever des drapeaux et l'écoute des hymnes nationaux.

PARIS 2024
PARIS 2024
PARIS
20 — 24
PARIS
PARIS 2024
PARIS PARIS PARIS PARIS PARIS PARIS

JEUX OLYMPIQUES D'ATHÈNES 1906

Des jeux Olympiques « intercalaires »

La Grèce souhaite célébrer le dixième anniversaire de la rénovation des Jeux Olympiques en organisant les « Jeux de la décennie ». Ils sont présentés initialement comme les deuxièmes Olympiades, en présence et avec l'accord de tout le mouvement olympique. Bien que la réussite sportive de l'événement soit incontestable, ces Jeux Olympiques sont ultérieurement qualifiés d'« intérimaires » ou « intercalaires » en raison de la position de Pierre de Coubertin, puis de celle du CIO qui, en 1949, ne les reconnaissent plus comme officiels. Toutefois, ils marquent le début des traditions cérémoniales, avec notamment le défilé des athlètes par délégation lors de la cérémonie d'ouverture.

PARIS 2024
PARIS
PARIS 2024

JEUX OLYMPIQUES D'ATHÈNES 2004

CANOË-KAYAK

Birgit Fischer, le plus beau palmarès du kayak !

L'Allemande détient le plus grand palmarès du kayak avec 27 titres de championne du monde et 12 médailles olympiques (dont 8 en or), obtenues en six Olympiades, de Moscou 1980 à Athènes 2004. Son seul regret : ne pas avoir pu participer aux Jeux Olympiques de Los Angeles en raison du boycott de l'URSS et des pays de l'Est. Sans cela, elle aurait sans doute fait mieux que la gymnaste Latynina. Elle reste la seule sportive à détenir 1 médaille d'or sur six Jeux Olympiques différents, record absolu qu'elle partage avec l'escrimeur Aladar Gerevich.

PARIS 2024
PARIS
20 — 24
PARIS PARIS PARIS

JEUX OLYMPIQUES D'ATLANTA 1996

CYCLISME SUR PISTE

Moreau, Capelle, Ermenault, Monin, un chrono en or

Le temps, c'est de l'argent. Mais un bon temps, c'est de l'or ! Le 27 juillet 1996, l'équipe de France de poursuite par équipes fait la course en tête, ne laissant jamais les cyclistes russes espérer revenir sur eux. Francis Moreau, Christophe Capelle, Philippe Ermenault et Jean-Michel Monin confirment ainsi leur excellent parcours réalisé dans les phases de qualification. Ils établissent même un nouveau record olympique (4'05"930). Les Tricolores ne s'étaient pas imposés dans cette discipline depuis 1948. C'est la dernière fois que les épreuves sur piste se déroulent sur un vélodrome en plein air, en l'occurrence celui de Stone Mountain Park.

PARIS 2024
PARIS
20—24
PARIS 2024

JEUX OLYMPIQUES DE MONTRÉAL 1976

SPORTS ÉQUESTRES

L'équipe de France du saut d'obstacles enfin en or !

Les Français gagnent, le 1er août 1976, la dernière médaille d'or des Jeux Olympiques de Montréal 1976. Hubert Parot, Marc Roguet, Marcel Rozier et Michel Roche enlèvent l'épreuve de saut d'obstacles par équipes devant les cavaliers allemands, pourtant grands favoris. Un titre que les Français n'avaient obtenu ni en 1964 à Tokyo ni en 1968 à Mexico. Et il faudra attendre quarante ans et les Jeux Olympiques d'Atlanta 1996 pour que la « Marseillaise » retentisse de nouveau. Avec dans l'équipe Philippe Rozier, le fils de Marcel...

PARIS 2024

JEUX OLYMPIQUES DE TOKYO 2020

ATHLÉTISME

Sifan Hassan : pari presque gagné !

Sifan Hassan ne recule pas devant les impossibles défis, comme celui de s'imposer un programme de six courses en huit jours (trois 1500 m, deux 5000 m et un 10 000 m). Défi presque entièrement gagné : sa médaille d'or sur le 5000 m stupéfie les observateurs qui l'ont vue chuter quelques heures plus tôt dans une série du 1500 m avant de se relever et de rattraper tout le monde pour remporter la course. Un exploit qu'elle ne renouvellera pas en finale, devant se contenter d'une médaille de bronze sur cette distance. La déception est de courte durée : sur la piste du stade olympique de Tokyo en 2020, la coureuse néerlandaise termine son exigeant programme par une deuxième médaille d'or, en gagnant le 10 000 m grâce à un formidable finish.

PARIS 2024

JEUX OLYMPIQUES DE MONTRÉAL 1976

GYMNASTIQUE ARTISTIQUE

Andrianov remporte 7 médailles, dont 4 d'or

Nikolai Andrianov est l'athlète qui remporte le plus grand nombre de médailles aux Jeux Olympiques de Montréal 1976. Déjà titré à Munich, le gymnaste soviétique s'impose au sol, aux anneaux, au saut de cheval et au concours général. Il complète sa collection avec 2 médailles d'argent par équipes et aux barres parallèles et 1 de bronze au cheval d'arçons. Un exploit qui malheureusement restera médiatiquement dans l'ombre de ceux de Nadia Comaneci. Nikolai Andrianov poursuivra sa moisson aux Jeux Olympiques de Moscou, portant à 15 le nombre de ses trophées olympiques.

PARIS 2024

JEUX OLYMPIQUES DE LONDRES 1908

NATATION

Pour la première fois, les épreuves se déroulent en piscine

Les épreuves de natation qui se déroulent à Londres, du 13 au 25 juillet, sont les premières dans l'histoire des Jeux Olympiques à se disputer dans un bassin et non en « eau libre ». La piscine a été creusée au milieu du stade de White City construit pour les Jeux Olympiques et où se déroule aussi la majeure partie des compétitions sportives. Alors que les épreuves avaient varié lors des trois éditions précédentes, celles fixées pour les Jeux Olympiques de Londres 1908 sont les 100 m, 400 m et 1500 m nage libre, le 100 m dos, le 200 m brasse et le relais 4 x 200 m nage libre.

JEUX OLYMPIQUES DE ROME 1960

ATHLÉTISME

Michel Jazy en argent sur le 1500 m

Les éternels rivaux du demi-fond français, Michel Bernard et Michel Jazy, font taire leur antagonisme pour unir leurs forces sur le 1500 m olympique. Le premier fait la course en tête, usant peu à peu la majorité des adversaires. À mi-course, l'Australien Herbert Elliott accélère, distançant mètre après mètre le Hongrois Rozsavolgyi et Michel Jazy. On espère que la tactique tricolore va sourire à l'idole de l'athlétisme français. Hélas, Elliott est intouchable, battant au passage le record du monde de la distance. Jazy empoche l'argent. C'est la première fois qu'un Français monte sur un podium du 1500 m depuis 1928.

PARIS 2024

JEUX OLYMPIQUES D'ATHÈNES 2004

CANOË-KAYAK

Benoît Peschier, sa plus belle victoire

« La satisfaction d'avoir réussi une course, après avoir beaucoup galéré les années passées. » Benoît Peschier vit pleinement cette médaille d'or obtenue dans le complexe olympique d'Helliniko, au sud d'Athènes. La course fut parfaite, mais son issue incertaine. En effet, le temps du Britannique Campbell Walsh, son concurrent direct, fut corrigé à l'issue de la course. Insuffisamment pour remettre en cause ce qui sera la plus belle victoire du kayakiste ardéchois.

PARIS 2024

JEUX OLYMPIQUES DE RIO DE JANEIRO 2016

ATHLÉTISME

Kevin Mayer rêvait d'or

Après les décevants Jeux Olympiques de Londres 2012, puis une deuxième place décrochée à Rio 2016, Kevin Mayer rêve de rapporter du Japon le seul titre qui manque encore à son riche palmarès. Handicapé par des douleurs au dos, le Français, pourtant grandissime favori, ne peut pas vraiment disputer ses chances. L'or se transforme en argent. Le détenteur du record du monde (9126 points) échoue à 292 points du Canadien Warner, le premier homme à dépasser les 9000 points aux Jeux Olympiques. Petite consolation : Mayer apporte à la France la première médaille dans cette épreuve depuis 1948.

PARIS 2024
PARIS
20 — 24
PARIS PARIS PARIS
PARIS 2024

JEUX OLYMPIQUES DE LONDRES 2012

BOXE

Avec l'ajout de la boxe féminine, les femmes concourent dans tous les sports

La boxe féminine fait son entrée dans le programme olympique avec 36 engagées dans trois catégories (mouche, légers et moyens). La Russe Elena Savelyeva remporte le premier combat de ces Jeux Olympiques de Londres 2012, dans la catégorie des moins de 51 kg (mouche). Avec l'ajout de la boxe féminine au programme olympique, les Jeux Olympiques de Londres 2012 sont les premiers où les femmes concourent dans tous les sports. Depuis 1991, tout nouveau sport souhaitant être inclus au programme olympique doit obligatoirement comporter des épreuves féminines.

PARIS 2024
PARIS PARIS PARIS PARIS
20 — 24
PARIS

JEUX OLYMPIQUES D'ANVERS 1920

Le tir à la corde pour la dernière fois aux Jeux Olympiques

Le tir à la corde est un sport aux règles simplissimes : la première équipe à tirer l'autre pour lui faire franchir une ligne est déclarée gagnante. Appelé d'abord « lutte à la corde », il figure au programme des Jeux Olympiques de 1900, 1904, 1908, 1912 et, pour la dernière fois, en 1920. L'histoire retiendra que ce sont les huit Britanniques qui, à Anvers, ont tiré le plus fort, devant les Pays-Bas et la Belgique.

PARIS 2024
PARIS
20 — 24

JEUX OLYMPIQUES DE BARCELONE 1992

FOOTBALL

Samuel Kuffour (Ghana), le plus jeune médaillé de ce sport

À l'aube d'une très grande carrière professionnelle au sein du Bayern Munich, dont il porte le maillot pendant plus de dix ans, le futur international Samuel Kuffour est repéré très tôt pour sa puissance et sa technique. En 1992, il est sélectionné dans l'équipe du Ghana présente aux Jeux Olympiques de Barcelone 1992. L'équipe africaine réalise un très beau parcours et gagne la médaille de bronze après avoir vaincu l'Australie dans la « petite finale ». Samuel Kuffour n'a que 15 ans. Il devient ainsi le plus jeune médaillé de ce sport dans une Olympiade.

PARIS 2024

JEUX OLYMPIQUES DE SÉOUL 1988

CYCLISME SUR ROUTE

Triplé allemand !

Dans l'épreuve de la course en ligne, disputée le 27 septembre, l'Allemand de l'Est Olaf Ludwig se montre le plus rapide, devançant de quelques secondes les Allemands de l'Ouest Bernd Gröne et Christian Henn. Ce n'est pas une surprise tant le coureur brille chez les amateurs depuis dix ans. Après la chute du mur de Berlin à l'automne 1989, ce spécialiste du contre-la-montre décide de faire carrière chez les professionnels. Avec une certaine réussite, puisque Olaf Ludwig gagnera notamment l'Amstel Gold Race, trois étapes du Tour de France et le maillot vert du classement par points dans la Grande Boucle de 1990.

PARIS 2024

JEUX OLYMPIQUES DE SYDNEY 2000

NATATION

VdH fait tomber Popov

Le prodige néerlandais va frapper fort à Sydney 2000. Pieter Van den Hoogenband s'impose sur le 100 m nage libre, privant Alexander Popov d'un nouveau titre olympique. Sur le 200 m nage libre, il devance Ian Thorpe dans une course qui reste l'un des grands moments de l'histoire de la natation aux Jeux Olympiques ! Véritable icône des Pays-Bas, Pieter Van den Hoogenband deviendra triple champion olympique en remportant de nouveau le 100 m nage libre à Athènes en 2004. À Beijing, VdH met un terme à sa carrière sans pouvoir ajouter un nouveau podium olympique.

PARIS 2024

JEUX OLYMPIQUES DE TOKYO 2020

CYCLISME

L'inattendue Anna Kiesenhofer

Le 25 juillet 2021, Anna Kiesenhofer est la seule Autrichienne au départ de la course sur route qui se dispute sur le circuit du Mont Fuji. Cette mathématicienne, chargée de cours à l'École polytechnique fédérale de Lausanne, s'est préparée pour ces Jeux Olympiques sans entraîneur ni équipe professionnelle. Elle ne figure pas parmi les prétendantes à une médaille. Dès le départ de la course, elle est aux avant-postes dans une échappée dont elle va s'extraire à 43 km de l'arrivée. Elle va peu à peu creuser l'écart et terminer en solitaire la course de sa vie. Mal renseignée, sa poursuivante Annemiek Van Vleuten lèvera les bras, croyant terminer première de cette étrange épreuve...

PARIS 2024
PARIS
20 — 24
PARIS 2024

JEUX OLYMPIQUES DE TOKYO 2020

JUDO

Clarisse Agbégnénou en or

Porte-drapeau de la délégation française à Tokyo, Clarisse Agbégnénou a aussi l'ambition de voir de nouveau flotter le drapeau tricolore à l'occasion d'une remise de médailles. Après un parcours de qualifications sans accroc, elle affronte en finale la Slovène Tina Trstenjak (catégorie des moins de 63 kg), qui l'a dominée en finale des Jeux Olympiques de Rio 2016. La quintuple championne du monde et quintuple championne d'Europe prend sa revanche et décroche le titre olympique qui vient couronner son époustouflant palmarès.

PARIS 2024

JEUX OLYMPIQUES DE SYDNEY 2000

BOXE

Felix Savón, « l'amator »

Le Cubain est une exception dans le monde de la boxe. Par ses performances tout d'abord : ce sextuple champion du monde, athlète au gabarit imposant, a également gagné consécutivement 3 médailles d'or olympiques dans la catégorie « poids lourds » (2012, 2016 et 2020). Mais aussi par son éthique : défenseur du sport amateur, il rejette en 1996 les dix millions de dollars qu'on lui propose pour affronter Mike Tyson. « Que représente cet argent, comparé aux onze millions de Cubains qui me soutiennent ? »

PARIS 2024
PARIS 2024
PARIS 2024
PARIS 2024
PARIS 2024
PARIS 2024

JEUX OLYMPIQUES DE TOKYO 2020

TENNIS DE TABLE

La suprématie chinoise

Dans le gymnase métropolitain de Tokyo, la République populaire de Chine remporte la médaille d'or de la compétition par équipes messieurs, sa quatrième sur cinq possibles aux Jeux Olympiques de Tokyo 2020, confirmant la suprématie de la nation sur le tennis de table mondial. Depuis Séoul 1988, chez les hommes, le pays a remporté 6 des 7 dernières médailles d'or décernées en compétition individuelle et 6 des 7 dernières médailles d'argent. La souveraineté de l'Empire du Milieu est encore plus écrasante chez les femmes : les 10 médailles d'or individuelles sont allées à des Chinoises, comme 8 des 10 médailles d'argent.

PARIS 2024

JEUX OLYMPIQUES DE PARIS 1924

Dernière apparition du rugby à quinze

Après trois participations en 1900, 1908 et 1920, le rugby à quinze fait sa dernière apparition olympique lors de cette édition parisienne qui ne réunit que trois nations : la France, les USA et la Roumanie. Au stade de Colombes, la finale oppose la France, grande favorite, à de surprenants Américains qui se montrent plus athlétiques et mieux préparés que les Tricolores. De nombreux mauvais coups sont échangés. La lourde défaite des Bleus (3-17) provoque la colère et l'envahissement du terrain par les supporters. Huit spectateurs américains trop enthousiastes sont rossés à coups de canne. L'hymne américain est sifflé. Au vu de ces comportements très éloignés des valeurs de l'olympisme, le CIO décide de bannir cette discipline des Jeux Olympiques.

PARIS 2024
PARIS
20 — 24
PARIS PARIS PARIS
PARIS 2024

JEUX OLYMPIQUES DE BEIJING 2008

ESCRIME

Valentina Vezzali : et un, et deux, et trois !

À Beijing, la fleurettiste réalise la passe de 3 : après 2 victoires en individuel en 2000 et 2004, l'Italienne gagne 1 nouveau titre olympique en battant la Coréenne Nam Hyun-hee sur le score de 6 touches à 5. C'est la première escrimeuse à réaliser cet exploit. À cela s'ajoutent 3 autres médailles d'or par équipes (1996, 2000, 2012) et 3 autres accessits en argent et en bronze. Voilà qui garnit une armoire à trophées déjà remplie de 16 titres mondiaux, 13 européens et 11 Coupes du monde. Cette escrimeuse est l'athlète italienne la plus médaillée aux Jeux Olympiques.

26

AVRIL

6 h 41 20 h 55

Ste Alida

PARIS 2024
PARIS
20 — 24
PARIS PARIS PARIS

JEUX OLYMPIQUES DE TOKYO 1964

BOXE

Joe Frazier en or

Une des premières grandes dates de la carrière de Joe Frazier ! Après avoir éliminé, lors des phases qualificatives, tous ses adversaires par arrêt de l'arbitre, il dispute avec le même succès une demi-finale contre le Soviétique Yemelyanov, mais se blesse à la main droite. Handicapé, il s'impose pourtant en finale face au boxeur allemand Hans Huber, avec son seul mais redoutable poing gauche, et devient le seul boxeur américain de ces Jeux Olympiques de Tokyo 1964 à remporter une médaille d'or. Il poursuivra sa carrière en professionnel, devenant champion du monde des poids lourds. En mars 1971, au Madison Square Garden, il sera le premier boxeur à battre Mohamed Ali.

PARIS 2024
PARIS
20 — 24
PARIS PARIS PARIS

JEUX OLYMPIQUES DE MONTRÉAL 1976

GYMNASTIQUE

Nadia Comaneci 10 sur 10, et 5 médailles !

La reine des jeux Olympiques de Montréal 1976. Âgée de 14 ans, la petite Nadia Comaneci va attirer tous les regards pendant le concours de gymnastique artistique. Légèreté, virtuosité, souplesse : la jeune Roumaine défie les lois de la pesanteur. Résultat : sept fois, elle obtient un « 10 » ! Elle remporte la médaille d'or en gymnastique au concours général, aux barres asymétriques et à la poutre, la médaille d'argent au classement par équipes, et enfin la médaille de bronze aux exercices au sol, montant ainsi sur 5 des 6 podiums possibles. Nadia Comaneci est la plus jeune gymnaste à remporter un titre !

PARIS 2024
PARIS
20 — 24
PARIS 2024
PARIS
PARIS PARIS PARIS PARIS
PARIS 2024
PARIS 2024
PARIS 2024
PARIS 2024
PARIS

JEUX OLYMPIQUES DE PARIS 1904

GYMNASTIQUE

George Eyser, l'unijambiste aux 6 médailles

Après un accident de train, le jeune comptable George Eyser se voit amputé de la jambe gauche. Une prothèse de bois permet toutefois à ce sportif de poursuivre ses activités physiques telles que courir et sauter. Il poursuit un entraînement intensif en vue de participer aux Jeux Olympiques de Saint-Louis 1904. Ses efforts seront payants : le gymnaste unijambiste remporte 6 médailles dont 3 d'or (montée de corde, saut de cheval et barres parallèles). George Eyser est la première personne avec une jambe artificielle à avoir participé aux Jeux Olympiques.

PARIS 2024

JEUX OLYMPIQUES DE RIO DE JANEIRO 2016

SPORTS ÉQUESTRES

La France brille au concours complet par équipes

Dans le concours complet par équipes, le quatuor composé d'Astier Nicolas, Thibaut Vallette, Mathieu Lemoine et Karim Laghouag a placé la France sur la plus haute marche du podium à Deodoro, à l'ouest de Rio, devant l'Allemagne et l'Australie. Avec leur monture, ils ont brillé dans trois épreuves aux exigences bien distinctes : sujétion au dressage, courage sur le cross et agilité au saut d'obstacles. C'est le deuxième sacre pour les Français dans la discipline, après celui, rocambolesque, de 2004 à Athènes.

PARIS 2024
PARIS
20 — 24
PARIS PARIS PARIS

JEUX OLYMPIQUES DE BARCELONE 1992

« Barcelona », chanson officielle des Jeux Olympiques

En 1986, le Comité international olympique confie l'organisation des Jeux Olympiques 1992 à Barcelone. Un an plus tard, la Ville contacte le chanteur de Queen pour en écrire la chanson officielle. Il accepte et demande à Montserrat Caballé de l'interpréter avec lui. « Barcelona » est née. Il est prévu que tous deux la chantent en live lors de la cérémonie d'ouverture des Jeux Olympiques. Seule la cantatrice sera sur scène, accompagnée par un enregistrement de Freddie Mercury, décédé huit mois auparavant.

PARIS 2024

JEUX OLYMPIQUES DE BERLIN 1936

Basket-ball et canoë-kayak dans le programme olympique

Le basket-ball est présenté pour la première fois en tant que sport de démonstration lors des Jeux Olympiques de 1904 à Saint-Louis, aux États-Unis. Mais il n'est inclus dans le programme officiel que lors des Jeux Olympiques de 1936. Les USA remportent la première médaille d'or sous les yeux du docteur James Naismith, inventeur américain de ce sport en 1891. C'est à Berlin également que, pour la première fois, les épreuves de canoë-kayak apparaissent dans le programme officiel.

2024

PARIS 2024

JEUX OLYMPIQUES DE MELBOURNE 1956

CYCLISME SUR ROUTE

Un trio tricolore en or

Une nouvelle fois, le cyclisme français répond présent et brille aux Jeux Olympiques. Sous une chaleur écrasante, Arnaud Geyre, Maurice Moucheraud et Michel Vermeulin remportent la course sur route par équipes qui se dispute sur une distance de 100 km. Arnaud Geyre repart de Melbourne avec une seconde médaille, en argent cette fois, dans la course individuelle sur route. Et Michel Vermeulin devient vice-champion olympique en poursuite par équipes avec René Bianchi, Jean Graczyk et Jean-Claude Lecante.

3
MAI

6 h 29 21 h 05

St Philippe

2024

PARIS 2024

JEUX OLYMPIQUES DE BEIJING 2008

ATHLÉTISME

Yelene Isinbayeva récidive !

Après avoir remporté sa première médaille d'or aux Jeux Olympiques d'Athènes 2004, Yelena Isinbayeva, malgré un début de concours difficile, récidive à Beijing et bat également le record olympique du saut à la perche féminin en franchissant une hauteur de 5,05 m. Considérée comme l'une des plus grandes perchistes de tous les temps, ayant établi plusieurs records du monde au cours de sa carrière, l'athlète russe prend sa retraite en 2016, après les Jeux Olympiques de Rio, où elle tentera en vain de remporter une troisième médaille d'or.

PARIS 2024

JEUX OLYMPIQUES DE SYDNEY 2000

ATHLÉTISME

Cathy Freeman, la force du symbole

Lors de la cérémonie d'ouverture des Jeux Olympiques, Cathy Freeman allume la flamme olympique. Un geste considéré en Australie comme un moment symbolique de réconciliation. L'athlète aborigène rentre définitivement dans l'Histoire en remportant la médaille d'or sur 400 m en 49"11, devant la Mexicaine Ana Guevara et l'Allemande Grit Breuer. « Quelque chose va changer pour les Aborigènes, l'attitude des gens dans la rue, les décisions des politiques… Je sais que j'ai rendu beaucoup de gens heureux. » Pour elle, c'est aussi une revanche sur les Jeux Olympiques de 1992 à Barcelone, où elle n'était que finaliste du 400 m, et ceux de 1996 à Atlanta, où elle avait terminé sur la deuxième marche du podium.

2024

PARIS 2024

JEUX OLYMPIQUES D'ATLANTA 1996

JUDO

Djamel Bouras sacré chez les moins de 78 kg

Après une enfance en Algérie où il se fait remarquer dans les compétitions de judo, Djamel Bouras arrive en France à 17 ans et intègre l'équipe tricolore en 1990. Le judoka, troisième aux Championnats du monde un an auparavant, connaît la consécration olympique le 23 juillet 1996 à Atlanta en remportant la médaille d'or dans la catégorie des moins de 78 kg, face au redoutable Japonais Toshihiko Koga, à l'issue d'un match à suspense.

6

MAI

6 h 24 21 h 09

Ste Prudence

PARIS 2024

JEUX OLYMPIQUES DE MONTRÉAL 1976

HOCKEY SUR GAZON

La Nouvelle-Zélande pour la première sur gazon artificiel

Depuis 1928, ce sport a toujours été présent lors des événements olympiques, mais à partir des Jeux Olympiques de Montréal 1976, les compétitions de hockey se déroulent sur gazon artificiel. Une nouveauté qui profite à la Nouvelle-Zélande sacrée championne devant deux habitués des podiums olympiques, l'Australie et le Pakistan.

À partir des Jeux Olympiques de Moscou 1980, les rencontres de hockey sur gazon sont ouvertes également aux femmes. Les joueuses du Zimbabwe inscriront leur nom au palmarès de cette nouvelle discipline.

7

MAI

6 h 23 21 h 11

Ste Gisèle

2
0
2
4

PARIS 2024

JEUX OLYMPIQUES DE SÉOUL 1988

NATATION

Matt Biondi, couvert d'or

Surnommé « la torpille de Moraga », ce nageur américain commence sa moisson de médailles en 1984 aux Jeux Olympiques de Los Angeles, sur le 4 x 100 m nage libre. Quatre ans plus tard, à Séoul, il écrase la compétition en glanant 5 médailles d'or (50 m et 100 m nage libre, 4 × 100 m et 4 × 200 m nage libre, 4 × 100 m 4 nages), battant 4 records du monde. S'y ajoutent 1 médaille d'argent sur le 100 m papillon et 1 médaille de bronze sur le 200 m nage libre. Matt Biondi peut quitter ces Jeux Olympiques la tête haute. Il n'est pas toutefois rassasié puisqu'aux Jeux de Barcelone 1992, il gagnera 2 autres médailles d'or et 1 d'argent…

8
MAI

6 h 21 21 h 12

Victoire 1945 - St Désiré

2024

PARIS 2024

JEUX OLYMPIQUES DE BARCELONE 1992

VOILE

Franck David, vainqueur au finish

Arrivé à Barcelone avec un titre de champion du monde, Franck David repart de Barcelone avec un sacre olympique. Malgré la difficulté d'être performant pendant douze manches, le favori tient son rang. Tout se joue dans l'ultime manche. Franck David doit impérativement gagner et son concurrent direct, l'Américain Michael Gebhardt, terminer au mieux troisième. Tout se déroule comme prévu. Le 2 août 1992, le véliplanchiste morbihannais rapporte une nouvelle médaille au camp tricolore.

9
MAI

6 h 20 21 h 14

St Pacôme

2024

PARIS 2024

JEUX OLYMPIQUES DE TOKYO 2020

TRIATHLON

Kristian Blummenfelt, un champion d'ironman en or

À l'issue d'une course d'attente, où les leaders se regardent, le podium se joue dans le dernier kilomètre. Kristian Blummenfelt porte l'estocade finale à laquelle aucun de ses concurrents ne peut répondre. Le tout nouveau champion du monde s'impose et devient le premier Norvégien champion olympique de triathlon, devant Alex Yee, qui perpétue la tradition britannique sur un podium olympique et prend le relais des frères Brownlee.

PARIS 2024

JEUX OLYMPIQUES DE MELBOURNE 1956

NATATION

Murray Rose, 3 titres à 17 ans !

Âgé seulement de 17 ans, Murray Rose va graver durablement son nom dans l'histoire de l'olympisme. Avec ses 3 titres de champion, sur le 400 m nage libre, le 1500 m nage libre et le relais 4 x 200 m nage libre avec l'équipe australienne, il est le plus jeune vainqueur des Jeux Olympiques de Melbourne 1956 et le plus jeune triple champion olympique de l'histoire des Jeux Olympiques. Quatre ans plus tard, il remporte 3 nouvelles médailles : l'or sur le 400 m libre, l'argent sur le 1500 m libre et le bronze sur le 4 × 200 m. Plusieurs fois recordman du monde, Il est considéré comme l'un des grands noms de la natation mondiale.

2024

PARIS 2024

JEUX OLYMPIQUES DE TOKYO 2020

VOLLEYBALL DE PLAGE

USA at the Top!

April Ross et Alix Klineman sont intraitables dès les premiers échanges du tournoi féminin de volleyball de plage. Et leur domination sera totale jusqu'à la finale où les Américaines s'imposent (21-15 et 21-16) face aux Australiennes Taliqua Clancy et Mariafe Artacho del Solar. Une troisième médaille olympique de suite pour April Ross. Mais celle-là est en or. Une belle récompense après avoir connu l'argent à Londres en 2012 aux côtés de Jennifer Kessy, puis le bronze aux Jeux Olympiques de Rio 2016 aux côtés de Kerri Lee Walsh Jennings.

2024

PARIS 2024

JEUX OLYMPIQUES DE MOSCOU 1980

PENTATHLON MODERNE

Pavel Ledneu : 4 Olympiades, 7 médailles

Le spécialiste soviétique du pentathlon moderne a participé à 4 Olympiades, revenant à l'issue de chacun de ces Jeux Olympiques avec 1 médaille : en or (1972 et 1980) et en argent (1968) avec l'équipe soviétique. Et 3 fois en argent (1968, 1972, 1980) et 1 fois en bronze (1976) en individuel. Une longévité exceptionnelle au plus haut niveau puisqu'en 1980, année de ses derniers Jeux Olympiques, Pavel Lednev était à 37 ans le pentathlète le plus âgé du concours.

PARIS 2024

JEUX OLYMPIQUES D'AMSTERDAM 1928

L'athlétisme s'ouvre aux femmes

Suite à une demande pressante des athlètes qui avaient organisé les Jeux Olympiques mondiaux féminins dès 1922, le sport féminin fait une timide incursion olympique aux Jeux d'Amsterdam 1928.

Les femmes participent aux épreuves d'athlétisme dans le 100 m, le 800 m, le 4 x 100 m, le lancer de disque et le saut en hauteur. Aux Pays-Bas, les femmes ne pèsent cependant pas bien lourd et ne menacent pas l'hégémonie masculine. Elles représentent à peine 10% des engagés : 277 contre 2606 hommes.

2024

PARIS 2024

JEUX OLYMPIQUES DE TOKYO 2020

ATHLÉTISME

Peruth Chemutai, première Ougandaise en or olympique

Peruth Chemutai marque l'Histoire en devenant la première athlète ougandaise à remporter 1 médaille d'or olympique en athlétisme. Elle s'impose dans le 3000 m steeple féminin à l'issue d'une finale très disputée : Peruth Chemutai réalise une course incroyable, terminant avec un temps de 9'01"45, devançant l'Américaine Courtney Frerichs de seulement 0,86 s. Elle décroche le troisième titre olympique de l'histoire de l'Ouganda, le premier depuis l'or de Stephen Kiprotich au marathon en 2012.

2024

PARIS 2024

JEUX OLYMPIQUES DE BARCELONE 1992

NATATION SYNCHRONISÉE

Sylvie Fréchette : une médaille seize mois après les Jeux Olympiques !

Traumatisée par le décès brutal de son compagnon, Sylvie Fréchette, spécialiste en nage synchronisée, aborde dans les pires conditions les Jeux Olympiques de Barcelone 1992. « Il fallait que moi, je me sente vivante. C'est un peu triste, mais la seule façon que j'avais d'y arriver, c'était de nager. » À Barcelone, Fréchette offre la meilleure performance de sa vie, mais une juge brésilienne fait une erreur et lui accorde une note de 8,7 plutôt que de 9,7. La juge admet son erreur, mais les organisateurs refusent de changer la note. La Québécoise doit se contenter de la médaille d'argent, tandis que l'or va à l'Américaine Kristen Babb-Sprague. Au vu du dossier, le Comité international olympique décide, en décembre 1993, de lui accorder sa médaille d'or, à égalité avec l'Américaine.

16 MAI

6 h 10 – 21 h 23

St Honoré

PARIS 2024

JEUX OLYMPIQUES DE MUNICH 1972

SPORTS ÉQUESTRES

Liselott Linsenhoff, première cavalière en or dans une épreuve de dressage

Cavalière allemande de dressage, Liselott Linsenhoff remporte la médaille d'or en individuel en dressage, avec son cheval Piaff. Elle est la première femme à monter sur la plus haute marche du podium dans cette discipline. Cette performance historique ouvre la voie à d'autres femmes pour exceller dans ce sport traditionnellement dominé par les hommes. Médaille d'argent par équipe lors de ces mêmes Jeux Olympiques, elle glane également de nombreux autres titres dans sa carrière, notamment plusieurs Championnats d'Allemagne et 1 médaille de bronze aux Championnats du monde de 1974.

2024

PARIS 2024

JEUX OLYMPIQUES DE MONTRÉAL 1976

PENTATHLON MODERNE

Le tricheur Boris Onishchenko

Un des plus grands scandales de tricherie de l'histoire des Jeux Olympiques ! Lors de l'épreuve d'escrime du pentathlon moderne, Boris Onishchenko modifie son épée afin qu'elle puisse déclencher un marqueur électronique chaque fois qu'il appuie sur un bouton caché dans la poignée. Cela lui permet de marquer des touches même lorsqu'il n'en a pas réellement porté. Lorsque cette tricherie est découverte, le Soviétique est disqualifié de l'épreuve, exclu des Jeux Olympiques et banni à vie des compétitions sportives.

PARIS 2024

JEUX OLYMPIQUES DE ROME 1960

La télévision couvre l'ensemble des compétitions

Les Jeux Olympiques de 1960 à Rome sont les premiers à être intégralement couverts par la télévision. La RAI, la Radiotelevisione Italiana, a diffusé 106 heures de compétitions en direct et en Eurovision, permettant ainsi aux téléspectateurs italiens et du monde entier de suivre les événements en direct. Cette avancée majeure pour les Jeux Olympiques permet à un public plus large de découvrir les athlètes et les épreuves. Depuis lors, la couverture télévisée des Jeux Olympiques n'a cessé de s'étendre.

2024

PARIS 2024

JEUX OLYMPIQUES DE MOSCOU 1980

GYMNASTIQUE

8 médailles pour Alexander Dityatin

Ses 2 médailles d'argent des Jeux Olympiques de Montréal n'étaient qu'un apéritif. À Moscou, le gymnaste soviétique sort le grand jeu, récoltant 3 titres de champion olympique (par équipes, concours général individuel, anneaux), 4 médailles d'argent (saut de cheval, cheval d'arçons, barre fixe, barres parallèles) et 1 de bronze au sol. Huit médailles lors de mêmes Jeux Olympiques : seul Michael Phelps, en 2008, fera aussi bien qu'Alexander Dityatin.

2024

PARIS 2024

JEUX OLYMPIQUES DE TOKYO 2020

RUGBY À SEPT

L'équipe de France du tournoi féminin en argent

Terre d'ovalie, la France s'est particulièrement distinguée à Tokyo dans l'épreuve de rugby à sept féminin. Après un excellent parcours lors des trois matchs de poule, tous gagnés contre le Brésil, la Chine et les Fidji, les Bleues triomphent de l'Australie en quart de finale avant de se qualifier pour la finale en dominant les Britanniques. Face aux favorites néo-zélandaises, l'équipe de France défend vaillamment ses chances avant de s'incliner 26 à 12.

2024

PARIS 2024

JEUX OLYMPIQUES DE BARCELONE 1992

ATHLÉTISME

Derartu Tulu et Elana Meyer main dans la main

Lors des Jeux Olympiques de Barcelone 1992, Derartu Tulu s'est montrée la plus rapide, devenant la première femme africaine à remporter 1 médaille d'or en athlétisme, devançant de quelques centièmes Elana Meyer. Mais au-delà de la performance sportive, c'est l'attitude après course des deux championnes qui restera dans les annales de l'Olympisme : toutes deux font un tour d'honneur en se tenant par la main. Geste d'autant plus symbolique venant d'une femme noire et d'une femme blanche sud-africaines alors que l'Afrique du Sud retrouve les Jeux Olympiques après son bannissement en raison de l'apartheid.

22
MAI

6 h 03 21 h 30

St Émile

2024

PARIS 2024

JEUX OLYMPIQUES DE MONTRÉAL 1976

SPORTS ÉQUESTRES

L'Allemagne de l'Ouest sur tous les podiums !

L'Allemagne est une grande nation de sports équestres. Elle le prouve encore lors des Jeux Olympiques de Montréal où les cavaliers germaniques sont systématiquement présents sur les podiums : sur la plus haute marche dans les épreuves de dressage par équipes et le saut d'obstacle individuel ; médaillés d'argent en dressage individuel, concours complet par équipes et saut d'obstacle par équipes, et de bronze en dressage individuel.

2024

PARIS 2024

JEUX OLYMPIQUES DE MOSCOU 1980

ATHLÉTISME

Władysław Kozakiewicz, un record et un vilain geste

Ambiance délétère dans le stade de Moscou pour l'épreuve de saut à la perche. À la fin de la compétition, le Polonais Władysław Kozakiewicz se montre le plus performant en franchissant une barre de 5,78 m. Un exploit indéniable puisqu'il bat le record du monde de la spécialité, mais peu apprécié du public qui n'a cessé de le siffler et de le huer à chacun de ses sauts. Le nouveau champion olympique se vengera en adressant aux spectateurs du stade un bras d'honneur qui engendrera un incident diplomatique entre la Pologne et l'URSS.

2024

PARIS 2024

JEUX OLYMPIQUES DE SÉOUL 1988

PLONGEON

Greg Louganis, la star des plongeoirs

Quatre ans après avoir obtenu 1 médaille d'argent, Greg Louganis se voit sacré à Los Angeles dans les épreuves de tremplin à 3 m et de haut vol. L'Américain entre dans la légende de ce sport en gagnant 2 nouvelles médailles d'or aux Jeux Olympiques de 1988 à Séoul, malgré une blessure à la tête et quelques points de suture suite à un choc sur le plongeoir. Il rejoint dans l'histoire olympique sa compatriote Pat McCormick qui fut sacrée championne en 1952 et 1956 dans les mêmes épreuves de plongeon.

2024

PARIS 2024

JEUX OLYMPIQUES DE LOS ANGELES 1984

ATHLÉTISME

Sebastian Coe : 2 titres consécutifs sur 1500 m

Sebastian Coe est l'un des plus grands coureurs de demi-fond de tous les temps, compte tenu de ses titres de champion du monde (1983 et 1987) et de ses prestations aux Jeux Olympiques. À Moscou en 1980, sur le 800 m, il perd l'imperdable, devancé par Steve Ovett. « La pire course de ma vie », dira-t-il. Six jours plus tard, il s'impose avec rage dans le 1500 m. Sebastian Coe doublera la mise en 1984, devenant le premier athlète à conserver son titre sur cette distance. Une fois les crampons rangés, le charismatique Britannique restera très présent dans le monde du sport, notamment comme chef d'orchestre des Jeux Olympiques de Londres 2012.

26

MAI

6 h 00 21 h 35

St Bérenger

2024

PARIS 2024

JEUX OLYMPIQUES DE LOS ANGELES 1984

GYMNASTIQUE ARTISTIQUE

Ecaterina Szabó, la gymnaste aux 5 médailles

Forte de ses 3 médailles d'or aux Championnats du monde en 1983, la Roumaine part favorite dans les épreuves de gymnastique artistique des Jeux Olympiques de Los Angeles. De fait, Ecaterina Szabó tient parfaitement son rang, emportant 6 médailles lors de ces Jeux Olympiques, dont 4 médailles d'or (poutre, saut de cheval, sol, par équipes) et 1 médaille d'argent en concours général individuel après un duel au sommet avec l'Américaine Mary Lou Retton. Ces performances ont fait d'elle l'athlète la plus médaillée de ces Jeux Olympiques de 1984.

2024

PARIS 2024

JEUX OLYMPIQUES D'ATLANTA 1996

TENNIS

André Agassi et Lindsay Davenport parachèvent leur palmarès

Devant leur public, les Américains ont brillé ! Chez les hommes, André Agassi, totalement dominateur du début à la fin de la rencontre, s'impose facilement (6-2, 6-3, 6-1) face l'Espagnol Sergi Bruguera. L'Américain est ainsi le seul joueur de l'Histoire à avoir remporté les 7 titres les plus prestigieux du tennis en simple messieurs : les quatre tournois du Grand Chelem, la médaille d'or olympique, le Masters et la Coupe Davis. Chez les femmes, Lindsay Davenport, qui fut également n°1 mondiale, vainqueure de trois tournois du Grand Chelem et d'un Masters, gagne un des ses plus beaux titres en battant l'Espagnole Arantxa Sánchez en deux sets (7-6, 6-2). Les USA réalisent le triplé avec la victoire du duo Gigi Fernandez-Mary Joe Fernandez en double.

2024

PARIS 2024

JEUX OLYMPIQUES DE TOKYO 2020

ESCRIME

Les fleurettistes français au top !

La finale de fleuret masculin par équipes n'a guère suscité de suspense ! Le quatuor tricolore composé de Enzo Lefort, Erwann Le Péchoux, Julien Mertine et Maxime Pauty n'a laissé aucune chance à l'équipe de Russie, battue sévèrement sur le score de 45-28. Cette médaille d'or olympique pour la France en escrime est la première depuis les Jeux Olympiques de 2004 à Athènes. Elle est aussi historique, puisque la France devient le premier pays à remporter 3 titres olympiques consécutifs dans la compétition de fleuret par équipes masculines.

29
MAI

5 h 57 21 h 38

Ascension. St Aymard

2024

PARIS 2024

JEUX OLYMPIQUES DE LOS ANGELES 1984

AVIRON

Et de trois pour Pertti Karppinen !

Et une, et deux, et trois ! Après être monté sur la plus haute marche du podium aux Jeux Olympiques de 1976 à Montréal et aux Jeux Olympiques de 1980 à Moscou, le spécialiste du skiff gagne à Los Angeles une troisième médaille d'or consécutive, confirmant sa domination incontestée dans cette discipline. Réputé pour son style de rame puissant et agressif, ainsi que pour sa détermination, le Finlandais Pertti Karppinen s'inscrit comme l'un des plus grands rameurs de tous les temps.

30

MAI

5 h 56 21 h 39

St Ferdinand

PARIS 2024

JEUX OLYMPIQUES DE BARCELONE 1992

ESCRIME

Philippe Omnès, la consécration olympique

Après son titre de champion du monde acquis en 1990, Philippe Omnès vient à Barcelone avec l'ambition de décrocher, à 31 ans, aux Jeux Olympiques un titre dans l'épreuve du fleuret individuel. En finale, l'escrimeur ukrainien Sergueï Golubitsky n'a pu s'opposer à la détermination du Français, s'inclinant deux manches à une. C'était la première médaille d'or olympique pour Philippe Omnès, qui avait déjà remporté 1 médaille de bronze en escrime par équipes aux Jeux Olympiques de 1988 à Séoul.

31

MAI

5 h 56 21 h 40

Visitation

2024

PARIS 2024

JEUX OLYMPIQUES DE ROME 1960

ESCRIME

Aladar Gerevich, le roi du sabre

C'est le roi du sabre ! Non seulement l'escrimeur défend avec constance les couleurs hongroises pendant six Olympiades (1932, 1936, 1948, 1952, 1956, 1960) mais il se montre intraitable dans cette discipline, tant en individuel qu'en équipes. À l'issue des Jeux Olympiques de Rome 1960, son bilan est élogieux : Aladar Gerevich est monté 7 fois sur la plus haute marche du podium lors de six dernières Olympiades. Avec la kayakiste allemande Birgit Fischer, il est aujourd'hui le seul athlète à avoir réussi cet exploit. Le Hongrois fut en outre deux fois champion du monde à titre individuel (1951 et 1955) et multiplia les victoires par équipes aux Championnats du monde.

PARIS 2024

PARIS 2024

JEUX OLYMPIQUES DE LONDRES 1944

Les Jeux Olympiques prévus à Londres annulés

En juin 1939, le CIO attribue l'organisation des Jeux Olympiques de 1944 à la ville de Londres, au premier tour du vote, au détriment des candidatures de Rome, Détroit, Lausanne, Budapest… Quelques semaines plus tard, l'Europe s'enfonce dans la guerre. Tout comme les Jeux Olympiques de 1940, ceux de la XIIIe Olympiade sont annulés. Après-guerre, le CIO désignera la capitale britannique pour les Jeux Olympiques de 1948, sans procéder à de nouvelles élections.

PARIS 2024

JEUX OLYMPIQUES D'ATLANTA 1996

CYCLISME SUR ROUTE

Jeannie Longo-Ciprelli enfin en or

Elle qui a le plus beau palmarès du cyclisme français et même mondial, avec 13 maillots arc-en-ciel, se croit maudite dans son histoire olympique. Chutes, blessures, incidents de course lui ont gâché ses trois premières Olympiades (même si à Barcelone elle termine deuxième de la course en ligne). Aux Jeux Olympiques d'Atlanta 1996, à 38 ans, Jeannie Longo-Ciprelli s'octroie enfin l'or olympique en remportant en solitaire la course en ligne devant l'Italienne Imelda Chiappa et la Canadienne Clara Hughes.

PARIS 2024

JEUX OLYMPIQUES DE PARIS 1900

ATHLÉTISME

Alvin Kraenzlein, 4 titres individuels la même année

Vainqueur à Paris 1900 du 60 m, du 110 m haies, du 200 m haies et du saut en longueur, l'Américain est toujours le seul à avoir obtenu 4 titres olympiques individuels en athlétisme la même année. Sa notoriété sportive, il la doit aussi à sa manière de sauter au-dessus des haies, avec une jambe tendue en avant, limitant sa perte de temps sur les obstacles. Cette nouvelle technique permet à Alvin Kraenzlein de battre les records du monde des 120 et 220 m haies.

PARIS 2024

PARIS 2024

JEUX OLYMPIQUES DE BARCELONE 1992

JUDO

Cathy Fleury et Cécile Nowak ouvrent la voie

Pour la première fois, la compétition olympique de judo est ouverte aux femmes. Les Françaises ne manquent pas cette opportunité de s'illustrer. Dans la catégorie des poids mi-moyens, Cathy Fleury remporte la médaille d'or en battant en finale l'Israélienne Yael Arad (victoire par décision d'arbitre), devenant ainsi la première judoka française championne olympique. Face à la Japonaise Ryoko Tamura, Cécile Nowak décroche le titre dans la catégorie des poids super-légers (moins de 48 kg). « On a ouvert une porte à Barcelone. On a mis le pied pour la laisser ouverte. » À Barcelone, le judo rapporte 7 médailles, dont 4 obtenues par les femmes.

PARIS 2024

PARIS 2024

JEUX OLYMPIQUES DE ROME 1960

BOXE

Cassius Clay, la légende

Alors âgé de 18 ans, le jeune Cassius Clay dispute ses premiers Jeux Olympiques. Avec 6 titres de champion national et 1 médaille d'or aux Jeux Panaméricains, le boxeur américain est un des favoris de la catégorie mi-lourds. Par sa vitesse, sa technique, sa force d'attaque, Clay ne déçoit pas, remportant facilement ses 4 combats, dont la finale contre le Polonais Zbigniew Pietrzykowski, sur décision unanime des juges. « Je n'ai pas enlevé cette médaille pendant 48 heures. J'ai même dormi avec », dira-t-il plus tard. Sous le nom de Mohamed Ali, il se construira ensuite une carrière légendaire et deviendra une icône mondiale de la boxe.

PARIS 2024

PARIS 2024

JEUX OLYMPIQUES DE LOS ANGELES 1932

Apparition d'un chronométreur officiel

Pour la première fois de l'Histoire, un unique horloger, Omega, endosse pour les Jeux Olympiques de Los Angeles 1932 le rôle de chronométreur officiel des Jeux Olympiques. La marque envoie un seul horloger à Los Angeles, armé de 30 chronomètres haute précision qui affichent avec fiabilité le 1/10e de seconde. Depuis, le chronométrage n'a cessé de se perfectionner, notamment en 1948 avec la caméra photo-finish, et les cellules photoélectriques qui arrêtent automatiquement le chrono lorsque le premier athlète franchit la ligne d'arrivée. À Melbourne en 1956, la natation passe à l'électrique. À Mexico en 1968, l'arrivée des plaques de touche Omega en natation bouleverse l'histoire du chronométrage. Tout comme en 2012 la résolution du temps au millionième de seconde...

PARIS 2024

PARIS 2024

JEUX OLYMPIQUES DE TOKYO 2020

GYMNASTIQUE RYTHMIQUE

Linoy Ashram met fin à l'hégémonie russe

Linoy Ashram a écrit l'Histoire lors de la finale du concours général de gymnastique rythmique, en devenant la première Israélienne à remporter une médaille d'or aux Jeux Olympiques. Elle a réalisé l'un des exploits de Tokyo 2020 en prenant le meilleur à l'issue des quatre rotations (cerceau, ballon, massues, ruban) sur la Russe Dina Averina, triple championne du monde en titre, et la Bélarusse Alina Harnasko. La gymnaste, vice-championne du monde 2018 et médaillée de bronze des Mondiaux 2017 et 2019, a offert à Israël le troisième titre olympique de son Histoire.

PARIS 2024

PARIS 2024

JEUX OLYMPIQUES D'AMSTERDAM 1928

ESCRIME

Lucien Gaudin, le meilleur escrimeur français de sa génération

Privé des Jeux Olympiques de 1908 et 1912 pour diverses raisons, Lucien Gaudin goûte enfin aux joies olympiques à Anvers en 1920. Il gagne ses 2 premières médailles d'argent par équipes (fleuret et sabre). Quatre ans plus tard, nouvelle récolte de titres toujours en équipes (épée et fleuret). Pour ses derniers Jeux Olympiques en 1928, il se distingue dans les compétitions individuelles, enrichissant son palmarès de nouveaux sacres (épée et fleuret) et d'une médaille d'argent dans la compétition par équipes de fleuret. Lucien Gaudin est considéré comme le meilleur représentant de l'escrime française avant la Première Guerre mondiale.

PARIS 2024

PARIS 2024

JEUX OLYMPIQUES DE BERLIN 1936

Le premier relais de la flamme olympique

Tradition désormais immuable, le relais de la flamme olympique a vu le jour aux Jeux Olympiques de Berlin 1936. Il a été instauré par le régime nazi pour ajouter une dimension symbolique à l'événement. La flamme a été allumée en Grèce, à Olympie, puis transportée en Allemagne par une équipe de coureurs, à travers plusieurs pays européens, avant d'arriver à Berlin pour la cérémonie d'ouverture des Jeux Olympiques. Fritz Schilgen, un athlète allemand spécialisé dans les épreuves de saut en hauteur, a été le dernier porteur de cette flamme.

PARIS 2024

PARIS 2024

JEUX OLYMPIQUES DE BARCELONE 1992

La notion d'héritage fait son apparition dans la Charte olympique

Pour la première fois, la notion d'héritage est introduite dans la Charte olympique à l'occasion des Jeux Olympiques de Barcelone 1992. Elle fait référence aux avantages et aux retombées que l'organisation d'un tel événement peut apporter aux villes hôtes, aux communautés et aux pays qui les accueillent. Outre les retombées immédiates des compétitions sportives, les Jeux Olympiques génèrent des avantages économiques, comme la création d'emplois et l'accroissement du tourisme, ainsi que des avantages sociétaux, telles que l'amélioration des infrastructures et des équipements sportifs, et la promotion du sport et de la culture.

PARIS 2024

PARIS 2024

JEUX OLYMPIQUES DE PARIS 1924

À l'origine du film *Les Chariots de Feu*

Les Jeux Olympiques de Paris 1924 ont été immortalisés dans le film *Les Chariots de Feu*. Sorti en 1981, ce long métrage raconte l'histoire de deux athlètes britanniques, Harold Abrahams et Eric Liddell, qui, après bien des interrogations sur leur avenir, participent aux Jeux Olympiques de Paris 1924. L'œuvre cinématographique a été récompensée de quatre Oscars, dont celui de la meilleure musique originale : composée par Vangelis, elle est désormais souvent associée aux événements olympiques.

PARIS 2024
PARIS 2024

JEUX OLYMPIQUES DE PARIS 1924

ESCRIME

Roger Ducret, médaille d'or en fleuret individuel

Roger Ducret avait déjà goûté au podium olympique en remportant la médaille d'argent en fleuret par équipes lors des Jeux Olympiques d'Anvers 1920. Quatre ans plus tard, à Paris, le fleurettiste français assume son statut de favori de l'épreuve individuelle et gagne la médaille d'or au détriment du Suisse Robert Rothbard. Sa moisson ne s'arrête pas là : 2 titres avec l'équipe de France en fleuret et en épée, et en individuel 1 médaille d'argent au sabre ! Après sa victoire à Paris, Roger Ducret continuera de représenter la France lors de compétitions internationales d'escrime. À 40 ans, pour ses derniers Jeux Olympiques d'Amsterdam 1928, il sera encore de l'équipe tricolore sur la deuxième marche du podium olympique en fleuret.

PARIS 2024

JEUX OLYMPIQUES D'ATHÈNES 2004

NATATION

Jodie Henry, la passe de trois

Médaille d'or sur 100 m nage libre, 4 x 100 m nage libre et 4 x 100 m 4 nages : Jodie Henry est une des stars des Jeux Olympiques d'Athènes 2004. Nouvelle recordwoman du monde sur le 100 m nage libre, elle est également devenue la première nageuse australienne à remporter la médaille d'or sur cette distance depuis Dawn Fraser aux Jeux Olympiques de 1964. Jodie Henry a poursuivi brillamment sa carrière sportive jusqu'en 2009, remportant plusieurs autres médailles d'or lors de compétitions internationales.

PARIS 2024

JEUX OLYMPIQUES D'HELSINKI 1952

CYCLISME

Jacques Anquetil en bronze

Sa première participation aux Jeux Olympiques a eu lieu en 1952 à Helsinki où le champion de France amateur termine seulement douzième de l'épreuve de vitesse individuelle, mais emporte, avec l'équipe de France, la médaille de bronze de la course contre-la-montre. Ce sera le seul passage de Jacques Anquetil dans l'olympisme. Passé professionnel dès 1953, il commence une incroyable carrière marquée notamment par la victoire dans cinq Tours de France, deux Tours d'Italie et une Vuelta. Le Normand est l'un des plus grands cyclistes de tous les temps.

15

JUIN

5 h 51 21 h 51

Fête des pères

Ste Germaine

PARIS 2024

PARIS 2024

JEUX OLYMPIQUES DE BEIJING 2008

TAEKWONDO

Angel Matos frappe l'arbitre

Lors du match pour la médaille de bronze, Angel Matos est en désaccord avec une pénalité qui lui a été attribuée et demande un temps mort. Lorsque le temps imparti est écoulé, Angel Matos ne reprend pas le combat, ce qui lui vaut une disqualification. Furieux, le taekwondoïste cubain s'en prend verbalement à l'arbitre avant de lui asséner un coup de pied ! L'incident relayé par les médias du monde entier coûtera non seulement le bronze à Angel Matos mais aussi son avenir dans ce sport.

PARIS 2024

PARIS 2024

JEUX OLYMPIQUES DE MEXICO 1968

ATHLÉTISME

Dick Fosbury : la révolution du saut en hauteur

Depuis plus de dix ans, les sauteurs en hauteur ne connaissent que la technique du ventral. Vu sa grande taille, Dick Fosbury n'est pas à l'aise avec cette approche de la corde. À 16 ans, il essaie de se présenter dos à la corde. Avec succès. À Mexico, le monde découvre le « fosbury flop » qui lui permet, avec un saut de 2,24 m, de gagner la médaille d'or, devant Ed Caruthers et le grand favori de la compétition, le Soviétique Valentin Gavrilov. Avec, en plus, un nouveau record olympique ! Cette innovation technique marque un tournant dans le monde du saut en hauteur. Elle est aujourd'hui la seule en usage, repoussant celle du rouleau ventral aux oubliettes de l'Histoire.

PARIS 2024

PARIS 2024

PARIS 2024

Vive la Phryge olympique !

Un bonnet phrygien rouge, symbole de la Révolution française, donc de la France : tel est le concept de la Phryge, mascotte des Jeux Olympiques de Paris 2024. Pour Tony Estanguet, président du Comité d'organisation : « On a choisi un idéal plutôt qu'un animal et on est partis sur le bonnet phrygien car c'est un symbole fort pour la République française. » La Phryge olympique arbore du bleu, du blanc et du rouge ainsi que le logo doré de Paris 2024 sur sa poitrine. Les yeux ont été pensés pour être à la fois malicieux et expressifs, et dessinent une cocarde afin que le bonnet phrygien soit immédiatement identifiable.

18

JUIN

5 h 51 21 h 52

St Léonce

PARIS 2024

PARIS 2024

JEUX OLYMPIQUES D'ATHÈNES 1896

Carl Schuhmann, le premier médaillé

Carl Schuhmann est considéré comme l'un des plus grands athlètes allemands de tous les temps et sa performance aux Jeux Olympiques d'Athènes 1896 est restée dans l'histoire olympique comme l'une des plus remarquables jamais réalisée. En 1896 à Athènes, il remporte l'or en gymnastique, en lutte gréco-romaine, en athlétisme (épreuve du saut en hauteur et du triple saut) et en haltérophilie. Il est le seul athlète de l'histoire olympique à avoir 5 titres dans autant d'épreuves différentes lors d'une seule édition des Jeux Olympiques. Il est aussi entré dans le panthéon des Jeux Olympiques pour avoir gagné la première médaille d'or de l'histoire des Jeux Olympiques modernes dans l'épreuve de gymnastique au sol.

PARIS 2024

PARIS 2024

Le Grand Palais, écrin des épreuves d'escrime et de taekwondo

Construit pour l'Exposition universelle de Paris en 1900, le Grand Palais a été récemment restauré pour moderniser et renforcer sa structure, tout en préservant l'authenticité de ce patrimoine historique. Les travaux ont notamment porté sur la rénovation de la verrière, qui est l'un des éléments les plus emblématiques du bâtiment, ainsi que sur la modernisation des équipements techniques. Il est utilisé pour les épreuves d'escrime et de taekwondo et abrite également le centre de presse principal de l'événement.

PARIS 2024

PARIS 2024

JEUX OLYMPIQUES D'ATHÈNES 2004

NATATION

Laure en or

La natation française attendait l'or depuis 1952 et Jean Boiteux. À Athènes, Laure Manaudou dépoussière l'Histoire en remportant l'épreuve du 400 m nage libre avec un temps de 4'5"34, devançant Otylia Jedrzejczak et Kaitlin Sandeno. Cette victoire est le premier sacre de la Lyonnaise, qui complète sa collection avec l'argent sur 800 m et le bronze sur 100 m dos. La Française devient alors une star internationale des bassins, remportant les années suivantes 6 titres mondiaux et 13 européens. Mais pas d'autres succès olympiques : après les Jeux Olympiques de Londres 2012, elle tire sa révérence, laissant à sa compatriote Camille Muffat la joie de monter, comme elle, 3 fois sur le podium.

PARIS 2024

JEUX OLYMPIQUES DE RIO DE JANEIRO 2016

SPORTS ÉQUESTRES

Rozier, Staut, Leprevost, Bost : un sans-faute et un titre !

Elle était attendue depuis les Jeux Olympiques de Barcelone ! Le 17 août 2016, La France remporte enfin 1 médaille d'or dans l'épreuve de saut d'obstacles par équipes, avec les cavaliers Roger-Yves Bost, Philippe Rozier, Kevin Staut et Pénélope Leprevost. Dans le parc olympique de Deodoro à Rio, l'équipe tricolore s'est adjugé le titre après avoir effectué une troisième manche décisive sans avoir fait tomber le moindre obstacle. Pas épargnée par les coups durs lors de ces Jeux Olympiques, l'équipe de France de sports équestres se hisse à nouveau au sommet de l'Olympe devant les États-Unis et l'Allemagne.

PARIS 2024

PARIS 2024

JEUX OLYMPIQUES DE LONDRES 1908

Cérémonie d'ouverture : les délégations défilent derrière leurs drapeaux

Ce 13 juillet 1908 à Londres, la cérémonie d'ouverture de la IVe Olympiade se déroule au stade de Shepherd's Bush devant un public clairsemé, mais en présence du roi Edouard VII qui proclame l'ouverture des Jeux Olympiques. Pour la première fois, les athlètes de chaque pays défilent ensemble dans le stade, derrière leur drapeau national. Les Britanniques, en tant que pays hôte, sont les derniers à entrer dans le stade.

23

JUIN

5 h 52 21 h 53

Ste Audrey

PARIS 2024
PARIS 2024

JEUX OLYMPIQUES DE TOKYO 2020

ESCRIME

L'épéiste Romain Cannone en or

Sélectionné à la dernière minute
pour les Jeux Olympiques de Tokyo 2020,
Romain Cannone remporte la médaille d'or en épreuve
d'épée masculine au Makuhari Messe de Tokyo.
Il balaye en finale le champion du monde en titre,
le Hongrois Gergely Siklosi (15 touches à 10).
C'est la première médaille d'or pour l'escrime française
en individuel, depuis le fleurettiste Brice Guyart
à Athènes en 2004.

PARIS 2024

PARIS 2024

JEUX OLYMPIQUES DE PARIS 1900

GOLF

Margaret Abbott, première championne olympique américaine… sans le savoir

À Paris 1900, les femmes sont autorisées à participer à certaines épreuves olympiques, incluses dans les événements de l'Exposition universelle. Pour cette première, seules 22 athlètes féminines prennent part aux compétitions, dont la golfeuse Margaret Abbot. Le 4 octobre 1900, l'Américaine enregistre un score de 47 sur le neuf trous, qui lui permet de remporter le titre devant ses compatriotes Pauline Whittier et Daria Pratt. Mais elle ignore que l'épreuve fait partie des Jeux Olympiques, persuadée qu'elle a seulement remporté… le prix de la ville de Compiègne. Bien des années après, sa victoire sera officiellement reconnue. Mais trop tard : décédée en 1955, elle ne saura jamais qu'elle fut la première championne olympique américaine de l'Histoire.

25
JUIN

5 h 53 21 h 53

St Prosper

PARIS 2024
PARIS 2024

JEUX OLYMPIQUES DE BARCELONE 1992

GYMNASTIQUE

Vitaly Scherbo : et de 6 !

On le dit irrégulier et même ses entraîneurs ne croient pas vraiment en ses chances, pariant plustôt sur ses coéquipiers plus expérimentés et plus constants. Sa place d'outsider lui donne peut-être le mental pour déjouer les pronostics. Car le gymnaste biélorusse ne manque aucun des rendez-vous : il s'impose au cheval d'arçons, aux anneaux, au saut de cheval, aux barres parallèles, complétant sa ruée vers l'or avec les titres de concours général et par équipes. Six médailles d'or : Vitaly Scherbo rejoint dans le panthéon de ces Jeux Olympiques Spitz et Phelps.

PARIS 2024

PARIS 2024

JEUX OLYMPIQUES DE MUNICH 1972

Waldi pour une première

Pour la première fois, une mascotte officielle fait son apparition aux Jeux Olympiques d'été. « Waldi » est un teckel, animal très populaire en Bavière, réputé pour son endurance, sa ténacité et son agilité. La mascotte affiche plusieurs couleurs différentes : sa tête et sa queue sont bleu clair, avec un corps rayé portant au moins trois des six couleurs olympiques. Sa forme correspond, dit-on, au parcours du marathon olympique de ces Jeux Olympiques de Munich.

PARIS 2024

JEUX OLYMPIQUES DE MOSCOU 1980

JUDO

Angelo Parisi, l'or en lourds

Médaillé de bronze sous les couleurs anglaises en 1972, l'Italo-Britannique Angelo Parisi épouse une jeune Française deux ans plus tard, ajoutant ainsi une nouvelle nationalité à son passeport. Sous le kimono tricolore, le puissant judoka triomphe aux Jeux Olympiques de Moscou 1980 et devient le premier Français champion olympique de judo, en lourds. Il ajoute 1 médaille d'argent en toutes catégories. Quatre ans plus tard, il repart des Jeux Olympiques de Los Angeles 1984 avec un titre de vice-champion olympique. Angelo Parisi transmettra sa passion du tatami en tant qu'entraîneur de l'équipe de France, de 1985 à 1991.

PARIS 2024

PARIS 2024

JEUX OLYMPIQUES D'ANVERS 1920

ESCRIME

Nedo Nadi, une pointe en or

À Anvers, l'escrimeur italien ne laisse que des miettes à ses adversaires, dont les expérimentés Français Lucien Gaudin, Philippe Cattiau et Roger Ducret. Il monte cinq fois sur la plus haute marche du podium, seul à l'issue des épreuves du fleuret et du sabre, en équipes (notamment avec son frère cadet Aldo) au fleuret, au sabre et à l'épée. Passé professionnel à l'issue de ces Jeux Olympiques, il poursuivra une brillante carrière, accrochant un titre de champion du monde en 1930.

PARIS 2024

PARIS 2024

JEUX OLYMPIQUES DE BARCELONE 1992

Un prince en porte-drapeau

Tradition familiale oblige, le prince Felipe de Bourbon, futur roi d'Espagne, dispute les Jeux Olympiques de Barcelone 1992 dans les épreuves de voile. Comme son père aux Jeux Olympiques de Munich 1972, comme sa sœur l'infante Cristina à ceux de Séoul en 1988. Il se voit aussi accorder l'honneur d'être le porte-drapeau pour la cérémonie d'ouverture. En revanche, il n'aura pas le loisir de monter sur un podium, faisant moins bien que son oncle Constantin de Grèce qui, en 1960, décrochera la médaille d'or en course de Dragon.

PARIS 2024
PARIS 2024

JEUX OLYMPIQUES D'ATHÈNES 1896

La naissance des Jeux Olympiques modernes

Les Jeux Olympiques sont rétablis à l'occasion du premier Congrès olympique, organisé du 16 au 23 juin 1894 par le baron Pierre de Coubertin. Dans le grand amphithéâtre de la Sorbonne à Paris, deux mille personnes assistent à cette réunion qui entérine la création du Comité international olympique (CIO). Parmi eux figurent notamment cinquante-huit délégués français, ainsi que vingt représentants de Belgique, Espagne, États-Unis, Grande-Bretagne, Grèce, Irlande, Italie, Russie et Suède. Voulant marquer symboliquement le retour aux sources de cet événement sportif, Athènes est désignée première ville hôte des premiers Jeux Olympiques qui se dérouleront du 6 au 15 avril 1896, réunissant 241 sportifs dans 9 disciplines.

PARIS 2024

JEUX OLYMPIQUES D'ATLANTA 1996

JUDO

David Douillet, une revanche en or

Après avoir obtenu le bronze en catégorie « lourds » à Barcelone, David Douillet se présente aux Jeux Olympiques d'Atlanta avec la ferme volonté de chercher l'or. Pour cela, il doit prendre sa revanche en demi-finale sur le Japonais Ogawa qui l'avait éliminé quatre ans plus tôt à Barcelone. Il le fera avec hargne, s'ouvrant la porte de la finale qu'il gagne contre l'Espagnol Ernesto Perez Lobo. Sur la plus haute marche du podium, devant le drapeau tricolore, David Douillet pleure. De nouveau champion aux Jeux Olympiques de Sydney, il est, avec ses victoires en Championnats d'Europe et du monde, l'un des judokas les plus titrés de l'histoire de ce sport.

PARIS 2024

PARIS 2024

JEUX OLYMPIQUES DE MONTRÉAL 1976

ATHLÉTISME

Guy Drut : les haies d'honneur

Trente centimètres seulement, mais trente centimètres de bonheur : ce 29 juillet, Guy Drut devance d'un souffle le Cubain Casanas dans la finale du 110 m haies. Énorme performance tant la pression était forte sur l'athlète français. Ce sera le plus grand succès de sa carrière, et une revanche sur les Jeux Olympiques de Munich où il avait dû se contenter de l'argent. Sur cette distance, il est le premier Européen à s'imposer dans des Jeux Olympiques, jusque-là chasse gardée des Américains. Membre du CIO depuis 1996, Guy Drut poursuivra parallèlement une carrière politique et ministérielle (1995-1997).

PARIS 2024

JEUX OLYMPIQUES DE BEIJING 2008

NATATION

Alain Bernard, premier champion olympique français du 100 m nage libre

Malgré ses nombreux titres et records, les Jeux Olympiques de Beijing sont sans doute l'apogée de sa carrière. Le 14 août 2008, Alain Bernard devient le premier champion olympique français du 100 m nage libre en 47"21 ! Un exploit qui rejaillit sur toute la natation française, redevenue une nation majeure dans ce sport. Quelques jours plus tard, le « requin blond » aide ses coéquipiers du relais 4 × 100 m nage libre à gagner la médaille d'argent. Il complète sa collection de médailles en décrochant le bronze lors du 50 m nage libre. En 2012, il devient champion olympique du relais 4 × 100 : non retenu pour la finale, il a néanmoins permis à l'équipe de France d'accéder à celle-ci grâce à sa participation aux séries.

PARIS 2024

JEUX OLYMPIQUES DE BEIJING 2008

ATHLÉTISME

Usain Bolt, le roi du sprint

Résumer la carrière d'Usain Bolt en quelques lignes est impossible. Ce multiple recordman et champion du monde a marqué à tout jamais l'histoire olympique avec 8 médailles d'or. Le sprinteur jamaïcain est le seul athlète à avoir conservé 2 titres individuels en sprint (100 m, 200 m) sur trois Olympiades consécutives (2008, 2012, 2016), et le seul à avoir battu 3 records du monde lors d'une même Olympiade (2008). Il détient toujours le meilleur temps jamais réalisé sur un 100 m : 9"58. Au-delà de tous ces chiffres et record, reste l'image d'un athlète aux capacités athlétiques et mentales hors normes.

PARIS 2024

JEUX OLYMPIQUES DE PARIS 1900

RUGBY

Brève apparition du rugby à quinze

Le ballon ovale a eu droit de cité à quatre reprises dans les sept premières éditions des Jeux Olympiques modernes. Première apparition du rugby à quinze aux « Jeux Olympiques » de 1900 à Paris. (Les Français s'imposent... avec l'aide d'un Américain.) Ce sport reviendra épisodiquement en 1908, 1920 et 1924 avant de disparaître définitivement des programmes, malgré de nombreuses tentatives pour le réintégrer, notamment en 1936. Il faut attendre les Jeux Olympiques de 2016 à Rio pour que l'ovalie sorte de son purgatoire, mais dans sa version rugby à sept.

PARIS 2024

PARIS 2024

PARIS 2024

La flamme olympique à bord du Belem

Clin d'œil de l'histoire, c'est à bord d'un voilier marchand construit à Nantes en 1896, année de la première édition des Jeux Olympiques modernes, que la flamme olympique voyage d'Athènes à Marseille.
À bord du Belem (le nom du voilier), entièrement restauré dans les années 1980 et aujourd'hui géré par une fondation, seize hommes d'équipage et des jeunes ambassadeurs venant de toutes les régions de France, outre-mer compris, font le voyage.

7

JUILLET

6 h 00 21 h 50

St Raoul

PARIS 2024

PARIS 2024

JEUX OLYMPIQUES DE ROME 1960

ATHLÉTISME

Wilma Rudolph, la revanche sur le destin

Aisance, vivacité, souplesse, efficacité : Wilma Rudolph domine sans partage les épreuves du sprint, remporte 3 médailles d'or sur le 100 m, le 200 m et le relais 4 × 100 m. Exploit à peine croyable quand on connaît l'histoire de la jeune Américaine : à 9 ans, victime d'une double pneumonie et d'une scarlatine, elle contracte une poliomyélite. Obligée de porter une attelle métallique, elle est condamnée par les médecins à ne plus jamais retrouver l'usage de sa jambe gauche. Avec une forte détermination, elle lutte pour les faire mentir. Peu à peu, elle se débarrasse de ses attelles, puis des chaussures orthopédiques. À 11 ans, elle marche. Elle court, même. Vite. Quelques années plus tard, elle brille sur les pistes d'athlétisme. À Rome, elle éblouit le stade olympique.

PARIS 2024

JEUX OLYMPIQUES DE MUNICH 1972

SPORTS ÉQUESTRES

Ian Millar : dix participations aux Jeux Olympiques !

Munich, Montréal, Los Angeles, Seoul, Barcelone, Atlanta, Sydney, Athènes, Londres, Beijing. De 1972 à 2012, le cavalier canadien aura connu dix Olympiades, détenant ainsi, et sans doute pour longtemps, le record de participations. Sans grand succès, mais à Beijing, « Captain Canada » accroche enfin 1 médaille, dans l'épreuve du saut d'obstacles par équipes. Elle n'est qu'en argent, mais pour Ian Millar, alors âgé de 61 ans, elle est la plus belle récompense.

PARIS 2024

JEUX OLYMPIQUES DE SYDNEY 2000

TIR

Franck Dumoulin en or

Le champion de tir au pistolet avait déjà connu les Jeux Olympiques à Barcelone et à Atlanta. Fort d'un titre de champion du monde, il espère enfin gagner une médaille aux Jeux Olympiques de Sydney. Malheureusement, sa préparation est chamboulée par un accident de tir (main blessée), puis par un grave accident de moto (fracture de la clavicule et du fémur). « Lorsqu'il vous arrive un pépin comme celui-là, on doit rebondir et enchaîner. » Il le fera. Quelques mois plus tard, Franck Dumoulin décroche le titre olympique à l'autre bout de la planète. La première médaille d'or de la délégation tricolore.

PARIS 2024

JEUX OLYMPIQUES DE TOKYO 2020

ATHLÉTISME

Mutaz Essa Barshim et Gianmarco Tamberi, une amitié en or

À égalité parfaite à l'issue du concours de saut en hauteur, alors qu'ils ont tous deux atteint 2,37 m dès le premier essai, le Qatari Mutaz Essa Barshim et l'Italien Gianmarco Tamberi s'adressent au juge qui leur demande s'ils souhaitent participer à un barrage pour se départager : « On peut avoir deux médailles d'or ? » Réponse positive de l'officiel. Après quelques secondes de concertation, les deux décident alors d'en rester là, ravis de partager leur amitié sur la plus haute marche du podium. Une première en athlétisme.

11

JUILLET

6 h 04 21 h 48

Ste Olga, St Benoît

PARIS 2024

PARIS 2024

Apparition du breaking

Issu de la culture hip-hop, le breaking fait son apparition dans le programme officiel des Jeux Olympiques. La compétition est composée de deux épreuves, une masculine et une féminine, qui voient respectivement seize B-Boys et seize B-Girls s'affronter dans des battles spectaculaires. Les athlètes enchaînent les « powermoves » comme les coupoles, les six-step ou encore les freezes en s'adaptant et en improvisant sur le son du DJ pour s'adjuger les votes des juges et remporter le premier titre olympique de cette discipline.

12
JUILLET

6 h 05 21 h 47

St Olivier

PARIS 2024

JEUX OLYMPIQUES D'HELSINKI 1952

NATATION

Jean Boiteux, le jour de gloire

Avoir une mère qui a déjà participé à deux Olympiades au sein de l'équipe de France du 4 x 100 m prédispose à faire une bonne carrière de nageur. Mais de là à envisager une médaille d'or… Pourtant, Jean Boiteux va réaliser cet exploit lors de la finale du 400 m des Jeux Olympiques d'Helsinki. À 19 ans, il se montre supérieur à l'Américain Konno et au Suédois Östrand, battant le record olympique et son propre record d'Europe. Le jeune Toulousain entre dans l'histoire. Et son père ne peut résister à plonger tout habillé dans le bassin : « C'est le meilleur bain de ma vie. »

PARIS 2024

JEUX OLYMPIQUES DE SÉOUL 1988

HALTÉROPHILIE

Le Turc Süleymanoglu, champion du siècle

Alors qu'il n'a que 16 ans, Naïm Süleymanoglu devient le deuxième haltérophile capable de développer trois fois le poids de son corps à l'épaulé-jeté. Deux ans plus tard, le Bulgare est champion du monde. Sa course aux titres ne fait que commencer, mais elle se fera sous les couleurs de la Turquie à qui il a demandé l'asile politique. Aux Jeux Olympiques de Séoul, il gagne sa première médaille d'or, devient recordman du monde à l'arraché et à l'épaulé-jeté, remportant le titre olympique en soulevant 30 kg de plus que le médaillé d'argent. L'homme fort transforme encore la fonte en or aux Jeux Olympiques de 1992 et de 1996, devenant ainsi le premier haltérophile trois fois titré consécutivement aux Jeux Olympiques.

PARIS 2024

JEUX OLYMPIQUES DE TOKYO 2020

Eliud Kipchoge, marathon man

Ce 8 août 2021 à Sapporo, le Kenyan Eliud Kipchoge, 35 ans, décroche sans difficulté sa deuxième médaille d'or sur un marathon olympique, après celle remportée cinq ans plus tôt à Rio. Avec Abebe Bikila et Waldemar Cierpinski, il entre dans le cercle très restreint des athlètes ayant réalisé un tel doublé.

Cette victoire consacre une carrière exceptionnelle commencée sur le 5000 m et couronnée de 2 médailles d'argent et de bronze aux Jeux Olympiques d'Athènes et de Beijing. Mais c'est sur le marathon qu'il surclasse ses adversaires depuis 2013, détenant toujours le record du monde dans cette discipline (2h1'9").

PARIS 2024

JEUX OLYMPIQUES DE TOKYO 1964

Apparition du judo (hommes) et du volley-ball (femmes et hommes)

Selon la volonté du pays organisateur, le judo fait son apparition dans le programme olympique. Si le Japon se réjouit de gagner 3 des 4 titres en jeu, il pleure de voir l'idole locale Akio Kaminaga battu par le géant hollandais Anton Geesink. L'empire du Soleil Levant peut se consoler en voyant ses représentantes remporter le titre en volley féminin et les hommes le bronze en volley masculin, disciplines aussi introduites lors de ces Jeux Olympiques.

PARIS 2024
PARIS 2024

JEUX OLYMPIQUES DE SYDNEY 2000

AVIRON

Michel Andrieux et Jean-Christophe Rolland, un mental d'acier pour de l'or

La France attendait ça depuis quarante-huit ans ! Jean-Christophe Rolland et Michel Andrieux l'ont fait. Et de quelle manière ! Dans cette course, leurs rivaux s'attendent à un démarrage du duo français dans les derniers 500 mètres. C'est à 750 mètres de l'arrivée qu'ils attaquent, alors qu'ils sont en quatrième position, surprenant totalement leurs adversaires.

Malgré un retour des Américains et des Australiens, le « deux sans barreur » tricolore tient le choc, réalisant une fin de course extraordinaire. L'or les attend, ouvrant la porte à d'autres succès de l'aviron français lors de ces Jeux Olympiques...

PARIS 2024

JEUX OLYMPIQUES D'ATHÈNES 2004

SPORTS ÉQUESTRES

La France médaille d'or en concours complet par équipes

Cela faisait quarante-quatre ans que l'équipe de France n'avait pas décroché de médaille au concours complet. À Rome, elle était en bronze. Celle de Beijing fut en or, à l'issue d'un imbroglio arbitral qui mit les nerfs des cavaliers à rude épreuve. Dans un premier temps, Nicolas Touzaint, Jean Teulère, Didier Courrèges, Arnaud Boiteau, Cédric Lyard ne décrochent que la médaille d'argent, mais le jury décide de sanctionner une des concurrentes allemandes, Bettina Hoy, et par conséquent d'attribuer la médaille d'or à la France. Saisi par les Allemands, le Comité d'appel invalide cette décision. Le Tribunal arbitral du sport (TAS) tranche définitivement : la France est championne olympique !

PARIS 2024

JEUX OLYMPIQUES DE BEIJING 2008

CYCLISME

Anne-Caroline Chausson, première championne olympique de BMX

Adepte initiée au BMX alors qu'elle n'a que 7 ans, Anne-Caroline Chausson va se découvrir une véritable passion pour ce sport dont elle va devenir une référence internationale avec 13 titres de championne du monde. Cette incroyable carrière méritait d'être couronnée d'un titre olympique. En 2008, elle profite de l'introduction du BMX au programme olympique pour remporter la première médaille d'or de la discipline, devant sa compatriote Laëtitia Le Corguillé. Anne-Caroline Chausson aime la vitesse sous toutes ses formes : en 2009, elle est championne du monde de ski de vitesse en catégorie « descente production » en ayant été flashée à 182,833 km/h.

19
JUILLET

6 h 12 21 h 41

St Arsène

PARIS 2024

JEUX OLYMPIQUES DE LONDRES 1908

Rome renonce aux Jeux Olympiques

En avril 1906, le Vésuve entre en éruption, provoquant des coulées de lave et des pluies de cendres mortelles. La région de Naples est très touchée par cette catastrophe, entraînant un déplacement de population de 150 000 personnes. Les dégâts matériels sont considérables. L'État italien fait le choix de renoncer à l'organisation des Jeux Olympiques qui doivent se dérouler deux ans plus tard à Rome, préférant investir dans la reconstruction de la région. Les Jeux Olympiques sont finalement attribués à Londres. Il faudra attendre 1960 pour que Rome soit enfin olympique...

PARIS 2024

JEUX OLYMPIQUES DE TOKYO 1964

AVIRON

Le premier trophée officiel du fair-play pour les frères Käll

Dans l'épreuve de Flying Dutchman, les régatiers suédois se trouvent face à un choix draconien : tenter de décrocher une médaille ou sauver des rivaux en perdition. Ils n'hésitent pas et foncent vers l'équipe australienne composée de John Dawe et de Ian Winter qui ont chaviré. Ils commencent par sauver Winter, qui était dans l'eau, avant de naviguer en direction du bateau touché pour mettre hors de danger Dawe, agrippé à la coque. Ce sauvetage marque la fin des rêves de podium de l'équipage suédois, mais Gunnar et Stig Lennart Käll gagnent le premier trophée officiel du fair-play créé à cette occasion « en guise de reconnaissance pour conduite sportive extraordinaire ». Ce prix existe toujours.

PARIS 2024
PARIS 2024

JEUX OLYMPIQUES DE LOS ANGELES 1984

TIR À L'ARC

Une paraplégique aux Jeux Olympiques de Los Angeles

La Néo-Zélandaise Neroli Fairhall est la première athlète paraplégique à participer à une épreuve olympique officielle après avoir gagné des médailles aux Jeux Paralympiques. Paralysée des membres inférieurs à 22 ans à la suite d'un accident de moto, Neroli Fairhall s'investit dans l'athlétisme en fauteuil roulant et participe aux Jeux Paralympiques de Heidelberg en 1972. Mais c'est au tir à l'arc qu'elle se distingue en obtenant une médaille d'or aux Jeux Paralympiques de 1980. Cette victoire l'incite à tenter de participer aux Jeux Olympiques de Los Angeles en 1984. Un défi qu'elle gagnera. Et peu importe qu'elle ait terminé 35e du concours, sa présence était sa plus belle victoire.

PARIS 2024

PARIS 2024

JEUX OLYMPIQUES DE RIO DE JANEIRO 2016

ATHLÉTISME

Le calvaire de Yohann Diniz

Il pense que la troisième fois sera la bonne. Après un abandon aux Jeux Olympiques 2008 de Beijing et une mauvaise chute aux Jeux Olympiques de Londres, Yohann Diniz est le grand favori de ce 50 km olympique. D'ailleurs, le Français part en tête, laissant augurer un succès final. Malheureusement, le coureur est victime de problèmes gastriques qui le contraignent à s'arrêter au bout d'une trentaine de kilomètres. Au bord de l'abandon, il repart courageusement, avant de chuter à plusieurs reprises. Il se relèvera à chaque fois. Diniz ira au bout de la souffrance pour terminer l'épreuve à la huitième place. Il effacera un peu de son immense déception en devenant champion du monde un an plus tard à Londres.

23

JUILLET

6 h 17 21 h 36

Ste Brigitte

PARIS
2024
PARIS 2024

JEUX OLYMPIQUES D'ANVERS 1920

TENNIS

Suzanne Lenglen, reine des courts

Âgée de 21 ans, la Française Suzanne Lenglen aborde ces Jeux Olympiques d'Anvers dans la position de grande favorite, ayant remporté le tournoi de Wimbledon en 1919 et 1920. Elle ne tremblera pas, dominant largement le tournoi puisqu'elle ne perd que quatre jeux en dix manches disputées. Médaille de bronze en double dames, « la divine » s'adjuge une deuxième médaille en or, en double mixte associée à Max Decugis. Cette réussite aux Jeux Olympiques complète un formidable palmarès sur les tournois du Grand Chelem qui en fait la première star internationale du tennis féminin.

PARIS 2024

JEUX OLYMPIQUES DE TOKYO 2020

BASKET 3X3

Une nouvelle et spectaculaire discipline olympique

Considéré comme le numéro un des sports urbains dans le monde, le basket-ball 3×3 a été une découverte pour nombre de téléspectateurs à l'occasion de l'introduction de cette discipline aux Jeux Olympiques de Tokyo. Très spectaculaire, il se joue par équipes de trois joueurs, sur un demi-terrain ; les deux équipes attaquent et défendent le même panier, en fonction de qui a la possession. À Tokyo, la Lettonie chez les hommes, les États-Unis chez les femmes ont été les plus performants pour remporter les premiers titres olympiques de l'histoire du 3×3.

PARIS 2024

JEUX OLYMPIQUES D'ATHÈNES 1896

GYMNASTIQUE

Dimitrios Loúndras : sur le podium... à 10 ans

Âgé de 10 ans et 216 jours lors de l'épreuve par équipes des barres parallèles des Jeux Olympiques d'Athènes, le Grec Dimítrios Loúndras est sans doute le plus jeune athlète à avoir participé aux Jeux Olympiques d'été et à être monté sur le podium. Sa troisième place n'est toutefois pas un exploit majeur puisque seules trois nations se disputaient la gagne dans cette discipline. Professionnellement, il s'engagera plus tard dans la marine royale grecque, terminant sa brillante carrière au grade d'amiral. Il n'oubliera jamais le sport, occupant d'importantes responsabilités dans des instances nationales.

26

JUILLET

6 h 21 21 h 33

Ste Anne, St Joachim

PARIS 2024

JEUX OLYMPIQUES D'ATHÈNES 1896

ATHLÉTISME

James Connolly, the first

Ce 6 avril 1896 se dispute la première épreuve des tout premiers Jeux Olympiques de l'ère moderne. Au triple saut, l'Américain James Connolly réalise 13,71 m contre 12,70 m au Français Alexandre Tufferi. Il devient ainsi le premier champion olympique de l'histoire des Jeux Olympiques. Il repartira d'Athènes avec 2 autres podiums, ayant terminé deuxième au saut en hauteur, et troisième au saut en longueur. Quatre ans plus tard, à Paris, il complétera sa collection avec 1 médaille en argent au triple saut. Connolly poursuivra ensuite une carrière de journaliste et d'auteur.

PARIS 2024

PARIS 2024

JEUX OLYMPIQUES DE BERLIN 1936

CYCLISME

Robert Charpentier en or, en or et en or

Lors de ces Jeux Olympiques de Berlin, le cyclisme français se montre intraitable, à l'image de Robert Charpentier. Le licencié du Vélo Club de Levallois devient champion olympique sur route par équipes (avec Roger Dorgebray et Guy Lapébie) et de poursuite par équipes (avec Roger-Jean Le Nizerhy, Jean Goujon et Guy Lapébie). Dans l'épreuve sur route individuelle, les Tricolores jouent collectif avant d'envoyer leurs meilleurs éléments devant pour l'emballage final. Charpentier se montre le meilleur devant Lapébie et empoche sa troisième médaille d'or lors d'une même Olympiade. Une performance assez rare pour un Français dans toute l'histoire des Jeux Olympiques .

28

JUILLET

6 h 23 21 h 30

St Samson

PARIS 2024

JEUX OLYMPIQUES DE LONDRES 2012

JUDO

Lucie Décosse : l'or pour couronner une formidable carrière

Quatre ans après avoir gagné une médaille d'argent aux Jeux Olympiques de Beijing, Lucie Décosse qui s'est créé un formidable palmarès avec des victoires en Championnats du monde (2010 et 2011) et d'Europe ne rêve que de revanche pour parachever sa carrière. Elle est au sommet de son art quand se disputent les Jeux Olympiques de Londres. La grande favorite dans la catégorie des moins de 70 kg ne décevra pas. Après un parcours sans faute, elle s'impose en finale face à l'Allemande Kerstin Thiele sur un waza-ari et deux yuko. Lucie Décosse mettra fin à sa carrière peu de temps après. Mais elle est entrée dans le panthéon du judo français, comme l'une des meilleurs dans l'histoire de ce sport.

PARIS 2024

PARIS 2024

Les Jeux Olympiques en quelques chiffres

Du 26 juillet au 11 août 2024, Paris 2024 réunit 10 500 sportifs de 206 nations qui s'affrontent dans 329 épreuves réparties dans 28 sports (dix de moins qu'à Tokyo). Paris 2024 attend plus de 15 millions de visiteurs, et 45 000 volontaires font de ces Jeux Olympiques et Paralympiques de Paris un événement inoubliable. Le budget d'organisation a été fixé à 3,9 Mds€, financé en quasi-intégralité (97%) par des recettes privées (CIO, des entreprises partenaires, de la billetterie, des Jeux Olympiques ou encore des licences...). Ce budget permet de financer, entre autres, l'aménagement et le fonctionnement des sites, l'organisation des compétitions, l'accueil des délégations, l'hébergement et le transport des athlètes, la sécurité des lieux de compétition, des cérémonies d'ouverture et de clôture...

30

JUILLET

6 h 26 21 h 27

Ste Juliette

PARIS 2024

JEUX OLYMPIQUES DE MELBOURNE 1956

ATHLÉTISME (MARATHON)

Alain Mimoun, médaille d'or à 35 ans

Il ne devait pas disputer ce marathon. Et pourtant, l'athlète né près d'Oran 35 ans plus tôt est au départ de la course, aux côtés de son maître, Emil Zatopek. Peut-être voit-il un signe du destin quand il se pare du dossard n°13 et quand on lui annonce la naissance d'une petite fille. Alors Mimoun va faire sa course, lâchant peu à peu ses adversaires. Il souffre. Beaucoup. Mais rien ne peut l'empêcher de gagner ce marathon en or, 28 ans après le Tricolore El Ouafi, 56 ans après Théato. Décidément, tout était réuni pour que la France s'impose ce jour-là… Signe de la fraternité qui unit les sportifs, Alain Mimoun attendra sur la ligne d'arrivée Emil Zatopek, son ami de toujours et grand rival, qui termine à la sixième place.

PARIS 2024

JEUX OLYMPIQUES D'ATHÈNES 1896

Un même hymne olympique depuis 1958

Composé par Spyros Samaras, figure importante de l'Opéra en Italie, et écrit par le poète Kostis Palamas, l'hymne olympique a été joué pour la première fois à Athènes en 1896. Lors des Jeux Olympiques suivants, d'autres compositions musicales ont été retenues. Mais en 1958, le CIO décide de revenir à l'hymne originel, et ce de manière définitive. Ainsi, depuis les Jeux Olympiques de Rome 1960, l'œuvre des deux auteur et compositeur grecs est diffusée lors des cérémonies d'ouverture et de clôture et est inscrit dans le protocole officiel des Jeux Olympiques.

2024

PARIS 2024

JEUX OLYMPIQUES DE SYDNEY 2000

CYCLISME SUR PISTE

Félicia Ballanger, l'apothéose

Multiple championne de France, onze fois médaillée d'or aux Mondiaux sur piste, la Vendéenne Félicia Ballanger a écrasé le cyclisme sur piste dans les années 1990. Toujours présente aux grands rendez-vous internationaux, elle n'a pas manqué les événements olympiques, remportant le titre en vitesse en 1996. Quatre ans plus tard, elle récidive sur cette épreuve et ajoute une troisième médaille à son immense palmarès en gagnant la finale du 500 m, à l'issue d'une troisième manche acharnée contre la Russe Oksana Grichina. Encore une fois, son tonus et sa persévérance ont fait la différence. Une course parfaitement maîtrisée comme le fut toute sa carrière.

2024

PARIS 2024

JEUX OLYMPIQUES DE MEXICO 1968

CYCLISME SUR PISTE

Pierre Trentin, or et record

Médaillé de bronze sur le kilomètre en 1964, Pierre Trentin était bien décidé à monter sur la plus haute marche du podium quatre ans plus tard, à Mexico. Pari tenu. Poussé dans ses retranchements par son adversaire en finale, le double champion du monde en titre Niels Fredborg, le Français bat le record du monde (1'03"91), profitant des bienfaits de l'altitude. Il ne s'arrête pas là : il gagne la médaille de bronze en vitesse individuelle et le titre olympique en tandem avec Daniel Morelon. Ce duo légendaire de la piste française s'adjugera 4 médailles d'or sur 5 possibles en cinq jours !

2024

PARIS 2024

JEUX OLYMPIQUES DE SÉOUL 1988

TENNIS

Steffi Graf, le Golden Slam

Pour son retour officiel dans les Jeux Olympiques, le tennis s'offre une championne hors pair. Ce 1er octobre 1988, Steffi Graf domine largement Gabriela Sabatini (6-3, 6-3) en finale. Alors au sommet de sa gloire, la championne allemande réalise un des plus grands exploits de l'histoire de ce sport : le « Grand Chelem doré ». Vainqueur des quatre tournois majeurs, l'Allemande, alors numéro 1 mondiale, s'adjuge l'or olympique en simple. Hommes et femmes confondus, elle est à ce jour la seule à avoir réalisé un « Golden Slam ».

2024

PARIS 2024

PARIS 2024

ATHLÉTISME

Pas de 50 km marche

La terrible épreuve masculine des 50 km marche ne figure pas au programme des Jeux Olympiques de Paris 2024. Pour atteindre la parité, il aurait été nécessaire de créer une épreuve identique réservée aux femmes, mais cela ne cadrait avec la volonté du CIO de réduire le nombre de participants aux Jeux Olympiques (10 500 à Paris contre 11 092 à Tokyo). Le Comité international olympique a préféré une nouvelle épreuve de marche par équipes mixtes.

5
AOÛT
6 h 33 21 h 19
St Abel

2024

PARIS 2024

JEUX OLYMPIQUES DE LONDRES 2012

JUDO

Teddy Riner, l'or pour effacer Beijing

Seulement médaillé de bronze aux Jeux Olympiques de 2008 dans la catégorie de plus de 100 kg, Teddy Riner, qui collectionnait les titres de champion du monde et d'Europe, voulait plus que tout décrocher l'or à Londres. Le Guadeloupéen y parviendra en battant en finale le Russe Alexander Mikhaylin par waza-ari. Il récidivera quatre ans plus tard face au Japonais Harasawa. À Tokyo, il affiche son ambition de réaliser la passe de trois : « Cette médaille d'or me tient à cœur ; j'ai envie de réaliser ça. » Il n'y parviendra pas en individuel, remportant seulement le bronze. Mais l'or lui tend de nouveau les bras, à l'issue de la compétition par équipes mixtes gagnée par les Tricolores. Pas encore suffisant, dit-il : la légende du judo français est présente pour Paris 2024 pour une cinquième médaille individuelle...

6

AOÛT

☀ 6 h 34 ☀ 21 h 17

St Octavien

2024

PARIS 2024

JEUX OLYMPIQUES D'ATLANTA 1996

ATHLÉTISME

Jean Galfione, l'or inattendu

Il a été performant au jour J ! Arrivé à Atlanta assez tardivement, sans pression, avec un palmarès modeste par rapport à ses adversaires, Jean Galfione va créer la surprise ce 2 août 1996 en devenant, à 25 ans, champion olympique de saut à la perche. Profitant de l'absence en finale du favori Sergueï Bubka blessé, il se montre le meilleur au bout de quatre heures trente de compétition avec, en prime, un nouveau record olympique de la discipline (5,92 m) passé dès le premier essai. Il devient ainsi le deuxième champion olympique français de cette discipline, douze ans après le succès de son idole Pierre Quinon à Los Angeles.

2024

PARIS 2024

JEUX OLYMPIQUES D'HELSINKI 1952

ESCRIME

Trois sportifs réalisent le doublé en individuel et par équipes

Dans la compétition individuelle de fleuret, le Catalan Christian d'Oriola, mal parti, se qualifie de justesse pour la finale, au nombre de touches. Il retrouve alors son allant et son talent pour se défaire des Italiens Edoardo Mangiarotti et Manlio Di Rosa. À cette première médaille d'or s'ajoutera celle du fleuret par équipes. Avec la même réussite, les Italiens réussiront le doublé dans la compétition d'épée par équipes, emmenés par les frères Mangiarotti. C'est Eduardo qui se montre le meilleur dans la compétition individuelle devant Dario. Double succès également pour les sabreurs hongrois intraitables dans la compétition par équipes et en individuel grâce à Pal Kovács.

2024

PARIS 2024

PARIS 2024

ESCALADE

Une évolution dans les épreuves

L'escalade sportive est un sport moderne, qui a rapidement gagné en popularité au cours des vingt dernières années. Plus de vingt-cinq millions de pratiquants sont recensés dans quelque cent cinquante pays à travers le monde. Un tel engouement justifie son intégration au programme des Jeux Olympiques de Tokyo 2020 où les épreuves regroupent trois disciplines (le bloc, la vitesse et la difficulté) et où le classement final reflète les résultats combinés des trois épreuves. Pour Paris 2024, deux épreuves d'escalade distinctes sacrent deux champions et deux championnes olympiques : une première combinant bloc et difficulté, et une seconde uniquement la vitesse.

9

AOÛT

6 h 38 21 h 12

St Amour

2024

PARIS 2024

PARIS 2024

SURF

La vague olympique de Teahupoo

Dès les années 1920, certains militent pour l'entrée du surf au programme olympique, à l'image de Duke Kahanamoku, un athlète hawaïen triple champion olympique de nage libre, considéré comme l'un des pionniers du surf mondial. Ce sport est enfin intégré dans le programme olympique des Jeux Olympiques de Tokyo 2020. Il est également présent à Paris 2024 : Tahiti et son spot mythique de Teahupoo, reconnu pour abriter l'une des vagues les plus puissantes et périlleuses du monde, ont été choisis pour accueillir les épreuves.

2024

PARIS 2024

JEUX OLYMPIQUES DE SYDNEY 2000

CANOË-KAYAK SLALOM

Tony Estanguet, une première en or !

Pour ses premiers Jeux Olympiques, Tony Estanguet gagne la médaille d'or en canoë monoplace slalom devant le tenant du titre, le jeune Michal Martikan.
C'est le début d'une longue rivalité qui les verra s'affronter dans toutes les compétitions internationales. Le Français prendra encore le meilleur sur le Slovaque en 2004 pour gagner sa deuxième médaille d'or à Athènes.
Après son échec aux Jeux Olympiques de Beijing, il poursuit son rêve de décrocher un troisième titre olympique. Ce sera fait en 2012 à Londres. Il est le seul athlète français à avoir gagné 3 médailles d'or en individuel dans trois Olympiades différentes. Tony Estanguet est le président du Comité d'Organisation des Jeux Olympiques de Paris 2024.

PARIS 2024

JEUX OLYMPIQUES D'ATHÈNES 2004

VOILE

Faustine Merret : option payante !

Pour les Jeux Olympiques de Sydney, Faustine Merret n'était pas parvenue à décrocher sa sélection. Quatre ans plus tard, à Athènes, elle ne laisse pas passer sa chance, même si la concurrence est performante. Dans l'ultime régate, la Brestoise sait qu'elle doit réaliser un exploit : terminer cette dernière course trois places devant l'Italienne Alessandra Sensini. Sa chance s'appelle Jian Yin, une véliplanchiste chinoise très rapide. Faustine Merret se met dans son sillage sur un côté du plan d'eau lorsque l'Italienne passe de l'autre côté. Option payante : la Française termine deuxième de la régate et Alessandra Sensini septième. Faustine Merret est championne olympique !

12
AOÛT
6 h 42 21 h 07
Ste Clarisse

2024

PARIS 2024

JEUX OLYMPIQUES DE PARIS 1924

ATHLÉTISME

Harold Abrahams, premier Européen sacré sur l'épreuve reine des Jeux Olympiques, le 100 m

D'abord spécialiste de saut en longueur, Harold Abrahams échoue dans sa quête de médaille au Jeux de 1920 à Anvers. Il se tourne alors vers le sprint. Avec succès puisqu'en finale du 100 m, il domine les Américains Charlie Paddock (tenant du titre et détenteur du record du monde) et Jackson Scholz, devenant le premier Européen sacré sur l'épreuve reine des Jeux Olympiques. Son histoire ainsi que celle d'Eric Liddell (qui sera sacré sur 400 m), a été immortalisée dans le film *Les Chariots de feu* de Hugh Hudson. Avocat, commentateur sportif, Harold Abrahams a ensuite rédigé de nombreux ouvrages ayant trait à l'athlétisme et aux Jeux Olympiques.

2024

PARIS 2024

JEUX OLYMPIQUES D'ATHÈNES 1896

ATHLÉTISME

Spyridon Louis, le berger marathonien

Temps fort des Jeux Olympiques de 1896, le marathon suit l'itinéraire légendaire emprunté par le messager Pheidippidès en 490 avant J.-C. Le jeune Grec Spyridon Louis grave son nom dans l'histoire olympique en remportant le premier marathon des Jeux Olympiques de l'ère moderne, parcourant les 38 km en 2h 58' 50". Devant 100 000 spectateurs massés dans et autour du stade, il devance deux compatriotes. Parti en tête, le Français Albin Lermusiaux a été contraint à l'abandon. Le berger grec devient héros national et une expression populaire lui rend désormais hommage :

« Courir comme un Louis... »

2024

PARIS 2024

JEUX OLYMPIQUES DE LONDRES 2012

ATHLÉTISME

Renaud Lavillénie, une barre en or

Dans la foulée de Pierre Quinon en 1984 et de Jean Galfione en 1996, Renaud Lavillénie porte haut le drapeau tricolore de la perche française. Pourtant, alors qu'il est le grand favori de l'épreuve, le concours ne se déroule pas sans accroc. Son échec à 5,91 m au premier essai laisse craindre le pire alors que ses deux adversaires allemands franchissent l'obstacle. Il choisit de réserver ses deux derniers essais à 5,97 m. Il sera le seul à passer la barre. Le Français est champion olympique, record des Jeux à la clé. Quatre ans plus tard, Renaud Lavillénie ne pourra conserver son titre, mais décrochera quand même la médaille d'argent.

2024

PARIS 2024

JEUX OLYMPIQUES D'HELSINKI 1952

ATHLÉTISME

Zatopek la Locomotive

Le Tchèque est l'un des plus grands coureurs de tous les temps. Et s'il faut retenir un seul de ses exploits, c'est son triplé historique lors des Jeux Olympiques d'Helsinki où il enchaîne victorieusement le 10 000 m (devançant le Français Alain Mimoun), le 5000 m (encore devant Mimoun…) et enfin le marathon, qu'il court pour la première fois et qu'il conclut victorieusement sous les acclamations de 80 000 spectateurs enthousiastes. En 2h23'02", nouveau record olympique ! Légende des courses de fond, le Tchèque restera invaincu durant ses trente-huit premières courses sur la distance, de 1948 à 1954. Son style, énergique, démonstratif, basé sur une foulée rapide, et son souffle puissant lui valurent un surnom, la « Locomotive ».

16
AOÛT

6 h 48 — 21 h 00

St Armel, St Roch

2024

PARIS 2024

JEUX OLYMPIQUES D'HELSINKI 1952

NATATION

La brasse devient papillon

En 1952, pour la première fois, tous les finalistes de la finale du 200 m brasse réalisent l'épreuve en adoptant la technique de la brasse-papillon, profitant d'une faille du règlement sur le style de la brasse. Un an plus tard, la Fédération internationale de natation prend position et définit précisément un quatrième style de nage, le papillon, tout en renforçant la codification de la brasse. En 1956, aux Jeux Olympiques de Melbourne, les courses de papillon-dauphin font leur entrée dans le programme olympique.

2024

PARIS 2024

JEUX OLYMPIQUES D'ANVERS 1920

Les anneaux de l'union

Conçus d'après un dessin original de Pierre de Coubertin, les anneaux constituent le symbole qui exprime « l'activité du mouvement olympique, l'union des cinq continents et la rencontre des athlètes du monde entier aux Jeux Olympiques » (Charte olympique, Règle 8). Les cinq anneaux olympiques font leur apparition sur le drapeau à fond blanc en 1920, aux Jeux Olympiques organisés à Anvers.

2024

PARIS 2024

JEUX OLYMPIQUES DE SYDNEY 2000

ATHLÉTISME

Marla Runyan : aveugle, elle participe aux Jeux Olympiques de Sydney

À Sydney, l'Américaine Marla Runyan marque l'Histoire. Aveugle depuis l'âge de 9 ans, cette passionnée de sport se lance dans l'athlétisme. Aux Jeux Paralympiques de Barcelone, elle a été médaillée d'or au 100 m, 200 m, 400 m et en saut en hauteur, puis quatre ans plus tard championne paralympique d'heptathlon. Son rêve de concourir avec les valides se réalise en 2000 aux Jeux Olympiques de Sydney où elle décroche la huitième place du 1500 m. Elle est la première athlète à s'illustrer dans des Jeux Paralympiques avant de se qualifier pour des Jeux Olympiques. En 2001, Marla Runyan bat le record américain du 1500 m indoor et, en 2002, elle se classe première Américaine au marathon de New York.

2024

PARIS 2024

JEUX OLYMPIQUES D'ANVERS 1920

TIR

Oscar Swahn, un septuagénaire en argent

À Londres, aux Jeux Olympiques de 1908, Oscar Swahn se montre le plus adroit en remportant 2 médailles d'or à l'âge de 60 ans, le 100 m tir au cerf courant coup simple individuel et le concours par équipes, ainsi que la médaille de bronze en coup double. Le Suédois ne s'arrête pas là : quatre ans plus tard à Stockholm, il décroche sur ses terres 2 nouvelles médailles olympiques, l'or et le bronze. À 64 ans, on pense sa carrière terminée. Mais il persiste et, aux Jeux Olympiques d'Anvers 1920, il complète son palmarès en montant sur la deuxième marche du podium au cerf courant coup double par équipe. À 72 ans, Oscar Swahn est le plus vieux médaillé olympique de l'Histoire.

2024

PARIS 2024

JEUX OLYMPIQUES DE STOCKHOLM 1912

De l'or pour l'art

Aux Jeux Olympiques de 1912, le baron Pierre de Coubertin introduit des disciplines artistiques (architecture, littérature, musique, peinture et sculpture). Il est récompensé de son initiative puisqu'il se voit attribuer une médaille d'or en littérature pour une œuvre intitulée *Ode au sport*. C'est un poème en prose de neuf strophes, écrit à la fois en français et en allemand, et présenté sous le double pseudonyme de Georg Hohrod et Martin Eschbach. Aux Jeux Olympiques de 1924, à Paris, Henry de Montherlant participera lui aussi à l'épreuve de littérature avec *La Première Olympique*. Sans succès…

2024

PARIS 2024

JEUX OLYMPIQUES DE RIO DE JANEIRO 2016

CANOË-KAYAK

Denis Gargaud-Chanut succède à Tony Estanguet

Ce dirigeant d'une petite entreprise de produits énergétiques a depuis son enfance une passion, le canoë. Avec talent et travail, il va peu à peu devenir un brillant céiste qui emplira son palmarès de 3 titres de champion du monde et 4 de champion d'Europe. Il lui manquait une reconnaissance olympique. Ce sera fait le mardi 9 août 2016 quand, sur son canoë, Denis Gargaud-Chanut réalise la course parfaite en finale. Un parcours sans-faute et, à l'arrivée, la victoire et les félicitations de Tony Estanguet, le triple médaillé olympique (2000, 2004, 2012) à qui il succède dans l'histoire de la discipline C1 slalom.

2024

PARIS 2024

JEUX OLYMPIQUES DE SYDNEY 2000

CYCLISME

Un titre pour les pistards Tournant, Rousseau et Gané

Ce 17 septembre 2000, l'équipe de France de vitesse par équipes se lance sur la piste du vélodrome face à l'équipe britannique avec, comme objectif, la médaille d'or. Il n'y aura pas vraiment de suspense : l'avance prise par Florian Rousseau et Laurent Gané est amplifiée par Arnaud Tournant lors du dernier relais, permettant aux Tricolores de décrocher le titre olympique. Une petite consolation pour Tournant qui avait échoué la veille, terminant cinquième de l'épreuve du kilomètre dont il était le grand favori.

2024

PARIS 2024

JEUX OLYMPIQUES DE TOKYO 2020

ATHLÉTISME

Mariya Lasitskene, enfin en or

Cette grande spécialiste du saut en hauteur, trois fois championne du monde, double championne d'Europe et multiple recordwoman, a beaucoup souffert de l'exclusion de la Russie des grands événements internationaux, la privant notamment des Jeux Olympiques de Rio 2016. Aux Jeux Olympiques de Tokyo, elle est présente sous les couleurs du Comité olympique de Russie (ROC). En franchissant 2,04 m, elle s'assure la médaille d'or. Cette consécration est le seul titre qui manquait à son palmarès.

2024

PARIS 2024

JEUX OLYMPIQUES DE SYDNEY 2000

BOXE

Brahim Asloum fait mouche chez les mi-mouches

Brahim Asloum n'était pas favori dans sa catégorie mi-mouches et, pourtant, l'Isérois franchira tous les obstacles pour parvenir en finale, au terme d'un parcours remarquable, et battre l'Espagnol Rafael Lozano. Un boxeur français en or, on n'avait pas vu cela depuis les victoires de Jean Despeaux (poids moyens) et Roger Michelot (mi-lourds) en 1936 à Berlin. Il passera professionnel un an plus tard et gagnera successivement un titre européen des mouches en 2002 et un titre mondial en 2007.

25
AOÛT

7 h 01 20 h 43

St Louis

2024

PARIS 2024

PARIS 2024

SKATEBOARD

Les épreuves de park et de street à la Concorde

L'élite du skateboard mondial s'affronte aux Jeux Olympiques dans deux des disciplines les plus populaires et spectaculaires du skateboard, le Park et le Street, où les athlètes doivent réaliser les plus beaux tricks, répondant à des critères de technique, de vitesse ou encore d'amplitude de leurs figures. Les épreuves sont composées de deux manches, une manche préliminaire de qualification, puis une manche finale. Les épreuves se déroulent place de la Concorde. Aux Jeux Olympiques de 2020, c'est le skateur local Yuto Horigome qui a été sacré champion olympique. Le podium de skateuses était très jeune : la médaillée d'or, la Japonaise Momiji Nishiya, et la Brésilienne médaillée d'argent Rayssa Leal avaient toutes deux 13 ans.

26

AOÛT

7 h 02 20 h 41

Ste Natacha

2024

PARIS 2024

JEUX OLYMPIQUES DE SYDNEY 2000

AVIRON

Le quatre sans barreur… mais avec l'or

Acquise en 1998, leur couronne mondiale en quatre sans barreur poids légers leur avait permis d'être reconnus… et craints. C'est donc avec l'étiquette de grands favoris que Xavier Dorfman, Yves Hocdé, Jean Christophe Bette et Laurent Porchier disputent les épreuves olympiques de Sydney. La logique est respectée : les Tricolores décrochent le seul titre qui leur manque, à l'issue d'une course âprement disputée et finalement décrochée au nez et à la barbe des Australiens qui rament à domicile.

27
AOÛT
7 h 03 20 h 39
Ste Monique

PARIS 2024

JEUX OLYMPIQUES D'ATLANTA 1996

CANOË-KAYAK

Adisson/Forgues prennent leur revanche

Après la médaille de bronze gagnée aux Jeux Olympiques de Barcelone 1992, le duo de céistes vice-champion du monde avait sans doute envie de prendre une revanche quatre ans plus tard. Ils seront exacts au rendez-vous du 28 juillet 1996 en démontrant leur suprématie mondiale dans le bassin en eaux vives d'Atlanta, remportant la médaille d'or du slalom. Par la suite, un titre mondial viendra confirmer ce résultat. Franck Adisson apprendra en 2017 que son copain d'enfance et brillant coéquipier Wilfrid Forgues avait changé de genre et était devenu Sandra, première sportive de haut niveau transgenre en France.

2024

PARIS 2024

JEUX OLYMPIQUES D'ATLANTA 1996

JUDO

Marie-Claire Restoux, la joie de gagner

Devenue en 1995 championne du monde dans la catégorie des – de 52 kg, Marie-Claire Restoux rêve d'or olympique pour les Jeux Olympiques d'Atlanta. Rêve accompli face à la Coréenne Sook-hee Hyun, avec une joie spontanée qui ravit le public. Sa victoire confirme la bonne forme du judo féminin qui, quatre ans plus tôt, avait vu Cécile Nowak et Catherine Fleury couronnées championnes olympiques. Marie-Claire Restoux confirmera un an plus tard sa suprématie en devenant de nouveau championne du monde.

29
AOÛT

7 h 06 20 h 35

Ste Sabine

2024

PARIS 2024

JEUX OLYMPIQUES DE PARIS 1900

Des Jeux Olympiques bien discrets

Il serait vain de chercher une affiche présentant les Jeux Olympiques de 1900 à Paris. Au grand désespoir de Pierre de Coubertin, le gouvernement français mise avant tout sur « l'exposition universelle » et donne raison à son commissaire général qui veut organiser des « concours internationaux d'exercices physiques et de sports ». L'instance des sports en France décide que ces concours tiendront lieu de Jeux Olympiques, sans qu'ils soient explicitement mentionnés dans les documents officiels ni sur les affiches de promotion. De nombreux athlètes ignoreront, pour certains jusqu'à leur mort, qu'ils ont disputé les deuxièmes Jeux Olympiques modernes.

PARIS 2024

JEUX OLYMPIQUES D'ATLANTA 1996

CYCLISME

Un premier contre-la-montre et un dernier succès pour Indurain

Pour la première fois, le contre-la-montre sur route apparaît dans le programme olympique (même si, entre 1912 et 1932, l'épreuve sur route était disputée sous la forme d'un contre-la-montre). Et le premier lauréat est prestigieux. Le 3 août 1996, dans les rues d'Atlanta, Miguel Indurain, quintuple vainqueur du Tour de France et double vainqueur du Giro, se montre le meilleur devant son compatriote Abraham Olano et le Britannique Chris Boardman. Un résultat logique puisqu'il avait gagné l'année précédente le titre de champion du monde de la discipline. C'est pour le « roi Miguel » le dernier succès de sa formidable carrière.

2024

PARIS 2024

PARIS 2024

Des Jeux Olympiques paritaires

Le passage de 18 à 22 du nombre de disciplines mixtes par rapport aux Jeux Olympiques de Tokyo reflète les efforts que le CIO souhaite porter quant à la présence des athlètes féminines au programme olympique. Les Jeux Olympiques de Paris 2024 sont, dans la grande histoire de l'Olympisme, les tout premiers Jeux Olympiques parfaitement paritaires, présentant autant d'athlètes femmes que d'hommes. Clin d'œil de l'Histoire, c'est à Paris, en 1900, que les Jeux Olympiques s'ouvrirent pour la première fois à la participation des femmes. Elles étaient à l'époque 22 pour 975 athlètes hommes.

1er
SEPTEMBRE

7 h 12 — 20 h 28

St Gilles

PARIS 2024

JEUX OLYMPIQUES DE LONDRES 2012

ATHLÉTISME

Allyson Félix : 3 médailles d'or de plus

Après avoir goûté aux Jeux Olympiques en 2004 avec une première médaille en argent sur 200 m, l'athlète américaine va enrichir son palmarès pendant une décennie de 14 titres de championne du monde et récolter, à chaque Olympiade, au moins 2 médailles ! Elle est l'athlète féminine la plus titrée de l'Histoire dans des compétitions majeures. Des 7 médailles d'or olympiques, les 3 récoltées en 2012 sont exemplaires : sur le 200 m, le 4 x 400 m et le 4 x 100 m. Trois titres sur les trois distances du sprint, comme Usain Bolt chez les hommes. Avec les performances des Jeux Olympiques de Rio et de Tokyo, elle détient le record de 11 podiums olympiques en athlétisme féminin.

PARIS 2024

PARIS 2024

JEUX OLYMPIQUES DE MONTRÉAL 1976

BOXE

Sugar Ray Leonard, le premier grand round de sa carrière

Il n'est pas encore une légende de la boxe quand il dispute les Jeux Olympiques de Montréal. Le soir du 31 juillet, le jeune Ray Leonard affronte en finale des poids welters légers le Cubain Andrés Aldama qui, jusque-là, avait mis K.-O. tous ses adversaires. Pourtant, le grandissime favori plie devant le sens tactique et la vitesse d'exécution de l'Américain. Compté trois fois debout, saoulé de coups, Aldama ne contestera pas la suprématie de « Sugar » Ray Leonard. Le début d'une grande carrière professionnelle qui le voit sacré champion du monde dans cinq catégories différentes (des poids welters à mi-lourds) entre 1979 et 1989.

PARIS 2024

JEUX OLYMPIQUES DE LOS ANGELES 1984

ESCRIME

Jean-François Lamour, de l'or à la pointe du sabre

Quatre Olympiades et 5 titres ! Jean-François Lamour est un homme des Jeux Olympiques, même si les premiers furent douloureux pour lui : à Moscou, tous les membres de l'équipe de France repartent avec une médaille… sauf lui. Alors, à Los Angeles, l'escrimeur a faim. Il frappe fort en gagnant le titre olympique au sabre individuel le 4 août, dominant sur le fil l'Italien Marco Marin (12-11). Il rééditera avec beaucoup d'émotion son exploit quatre ans plus tard à Séoul, mais ratera de peu le triplé à Barcelone, se contentant d'une médaille de bronze. À cela s'ajoutent de l'argent en 1988 et du bronze en 1992 comme membre de l'équipe de France de sabre. Jean-François Lamour ne quittera pas la scène sportive, se battant pour la tenue des Jeux Olympiques à Paris en 2012. Il poursuivra une carrière politique, notamment comme député de Paris (2007-2017) et ministre des Sports (2004-2007).

PARIS 2024

JEUX OLYMPIQUES DE LOS ANGELES 1984

ATHLÉTISME

Gabriela Andersen-Schiess, à bout de forces

De ce premier marathon féminin de l'Histoire, on retiendra la victoire de l'Américaine Joan Benoit, mais surtout l'arrivée héroïque de la Suissesse Gabriela Andersen Schiess. Déshydratée, titubant, elle entre dans le stade olympique, mais refuse l'aide des médecins, craignant d'être disqualifiée. « J'essayais de courir, mais je n'y arrivais plus. Je ne contrôlais plus rien, les crampes dans les jambes étaient trop fortes. » Elle effectue le dernier tour de piste en près de 6 minutes, en chancelant, à deux doigts d'une chute dont elle ne se relèverait pas. La Suissesse ira jusqu'au bout de la souffrance avant de franchir enfin la ligne. Elle sera classée 37e. C'est sa victoire sur elle-même que l'on retiendra.

PARIS 2024

JEUX OLYMPIQUES DE BERLIN 1936

ATHLÉTISME

Jesse Owens, l'affront fait à Hitler

Alors que les Jeux Olympiques de Berlin avaient été conçus par le pouvoir hitlérien comme symbole d'une Allemagne nazie triomphante, l'histoire retiendra les 4 médailles d'or d'un petit-fils d'esclaves, Jesse Owens. L'athlète noir américain n'était pas un inconnu. Détenteur du record du monde du 100 m, il confirme sa suprématie sur cette distance mythique et empoche son premier titre olympique. Il enchaîne avec l'or dans le concours du saut en longueur, le 200 m (avec un nouveau record du monde) et le relais 4 x 100 m (dans lequel il n'était initialement que remplaçant). Un tel quadruplé n'avait été réalisé qu'en 1900 par Alvin Kraenzlein. Et il ne sera réédité que par Carl Lewis en 1984.

PARIS 2024

JEUX OLYMPIQUES DE MELBOURNE 1956

GYMNASTIQUE ARTISTIQUE

Larissa Latynina, la gymnaste aux 18 podiums

À Melbourne, la gymnaste soviétique monte 6 fois sur le podium, dont 4 fois sur la plus haute marche au concours général individuel, au saut de cheval, au sol et au concours par équipes. Elle poursuivra sa quête de titres aux Jeux Olympiques de Rome et de Tokyo. Larissa Latynina fut ainsi la première femme à s'adjuger 9 titres olympiques ! Avec un total de 18 médailles obtenues aux Jeux Olympiques, elle a détenu jusqu'en 2012 le record en la matière, toutes disciplines confondues. Devenue entraîneuse nationale, elle participera activement à l'organisation des Jeux Olympiques de Moscou en 1980.

PARIS 2024

JEUX OLYMPIQUES DE LOS ANGELES 1984

ATHLÉTISME

Nawal El Moutawakel, première femme africaine à se parer d'or

Le 400 m haies féminin fait son apparition aux Jeux Olympiques de Los Angeles. Pour cette première, pouvait-on rêver plus beau symbole que la victoire de Nawal El Moutawakel qui devance l'Américaine Brown et la Roumaine Cojocaru ? La Marocaine devient la première femme du continent africain à se parer d'or aux Jeux Olympiques. Elle est entrée dans le panthéon du Maroc qui fêtera longtemps ce titre olympique. « Le sport, c'est quelque chose de très noble qui peut vous aider à orienter votre vie. À ouvrir des portes » : Nawal El Moutawakel prendra par la suite de nombreuses responsabilités dans les instances sportives et politiques de son pays...

8

SEPTEMBRE

7 h 21 20 h 14

St Adrien

PARIS 2024

JEUX OLYMPIQUES DE BERLIN 1936

Le 1er relais de la flamme olympique

En mai 1934, le Comité international olympique donne son approbation à l'idée de transporter une flamme depuis la Grèce jusqu'à Berlin. Le 20 juillet 1936 à Olympie, pour ce premier relais de la flamme olympique, c'est déjà un miroir parabolique concentrant les rayons du soleil qui est utilisé pour allumer la flamme, en présence du baron Pierre de Coubertin. Après avoir traversé la Bulgarie, la Yougoslavie, la Hongrie, l'Autriche, la Tchécoslovaquie, la flamme arrive en Allemagne et atteint Berlin le 1er août 1936, portée par le dernier relayeur Fritz Schilgen.

PARIS 2024

JEUX OLYMPIQUES DE BARCELONE 1992

VOILE

Yves Loday et Nicolas Hénard en or sur Tornado

Pour le Breton Yves Loday et le Nordiste Nicolas Hénard, la compétition fut stressante et indécise jusqu'à la septième et dernière régate. Si les Néo-Zélandais se montraient les plus rapides, les Français en deuxième position regardaient surtout derrière eux pour voir les concurrents les plus menaçants pour le podium olympique, les Américains. Pour devancer l'équipage tricolore, ils ne devaient pas terminer au-delà de la dixième place. Ils finiront... onzièmes. Les Français décrochent une si précieuse médaille d'or, la deuxième dans cette discipline, avec celle brillamment obtenue par Franck David en planche à voile.

10

SEPTEMBRE

7 h 24 20 h 10

Ste Inès

PARIS 2024

JEUX OLYMPIQUES DE BARCELONE 1992

BADMINTON

Enfin la reconnaissance olympique

C'est en 1992, pour les Jeux Olympiques de Barcelone, et à la suite d'une démonstration convaincante à Séoul, que cette discipline a été inscrite officiellement au programme olympique. Cinq épreuves sont disputées : le simple et double hommes, le simple et double femmes ainsi que le double mixte. À Tokyo, la Chine s'est montrée la plus performante avec 6 médailles, dont 2 d'or.

PARIS 2024

JEUX OLYMPIQUES DE TOKYO 2020

HOCKEY SUR GAZON

Les Orange de nouveau en or !

Après avoir gagné l'or en 2008 et 2012, les Hollandaises avaient été privées d'un triplé à Rio, cédant lors d'une impitoyable séance de tirs au but face à la Grande-Bretagne. Un échec très motivant pour aborder les Jeux Olympiques de Tokyo. Le tournoi sera sans suspense tant les Orange domineront facilement toutes leurs adversaires, y compris les Argentines en finale. Déjà membres de l'équipe victorieuse à Beijing en 2008, la capitaine Eva de Goede et Lidewij Welten comptent désormais 3 médailles d'or en quatre Olympiades.

PARIS 2024

JEUX OLYMPIQUES DE STOCKHOLM 1912

TENNIS

Marguerite Broquedis, première Française championne olympique

Née dans une famille où tous les membres pratiquent le tennis, Marguerite Broquedis est bien placée pour apprendre les subtilités de ce sport. Et elle se montre très performante. Après l'avoir vue jouer, Pierre de Coubertin soutient sa participation aux Jeux Olympiques de Stockholm. Elle est la seule femme membre de la délégation olympique française ! Cette sportive de tempérament décroche une médaille d'or en simple le 28 juin, face à l'Allemande Köring. La Paloise de naissance devient la première Française championne olympique, toutes disciplines confondues. Elle repartira également de Suède avec 1 médaille de bronze en double mixte, associée à Albert Canet.

13

SEPTEMBRE

7 h 29 · 20 h 03

St Aimé

PARIS 2024

PARIS 2024

VOILE

Deux épreuves inédites : la planche à voile IQ foil et le formula kite

Dix épreuves ont eu lieu lors des Jeux Olympiques de Tokyo, de la planche à voile à l'épreuve mixte du Nacra 17 en passant par les 49ers ou encore les 470. Les différentes disciplines de la voile sont en constante évolution, et les voiliers utilisés sont conçus pour être de plus en plus petits et légers, requérant toujours plus de capacités athlétiques et techniques de la part des marins. Deux épreuves, jusqu'ici jamais présentées aux Jeux Olympiques, voient le jour à Paris en 2024 : la planche à voile IQ foil (qui remplace la planche à voile RS:X) et le formula kite. Les épreuves de voile se déroulent à la Marina de Marseille.

14

SEPTEMBRE

7 h 30 20 h 01

Croix glorieuse

PARIS 2024

JEUX OLYMPIQUES DE MONTRÉAL 1976

ATHLÉTISME

Viktor Saneïev, un triplé au triple saut

Pour ces Jeux Olympiques de Montréal, le Soviétique Viktor Saneïev se sait moins véloce que naguère et n'ignore pas que la concurrence est rude, à l'image de l'Américain James Butts qui va prendre la tête du concours de triple saut au cinquième essai. Le trentenaire ne se décourage pas et, grâce à une technique parfaite et une volonté farouche, il réalise 17,29 m, soit 11 cm de mieux que le représentant des USA. Pour la troisième fois, il monte sur la plus haute marche du podium. Une consécration unique dans ce sport si exigeant. Celui qui fut plusieurs fois recordman du monde tentera la passe de quatre à Moscou. Il n'obtiendra que l'argent...

15

SEPTEMBRE

7 h 31 19 h 59

St Roland

PARIS 2024

JEUX OLYMPIQUES DE BERLIN 1936

HALTÉROPHILIE

Louis Hostin « l'Égyptien »

Pour ses premiers Jeux Olympiques en 1928, il décroche une médaille d'argent dans la catégorie des mi-lourds. Louis Hostin s'est fait un nom. Deux ans plus tard, il commence à se constituer un palmarès en devenant champion du monde. C'est avec de l'ambition qu'il aborde les Jeux Olympiques de Los Angeles. Il revient des États-Unis avec une médaille en or. En 1936, à Berlin, il récidive, s'imposant devant l'Allemand Deutsch, malgré l'hostilité du public. Est-ce pour laver cet affront que, lors de la remise des médailles, c'est l'hymne égyptien qui est joué ? Nul ne le saura, mais la délégation française se dira « furieuse » de l'incident.

16

SEPTEMBRE

7 h 33 19 h 57

Ste Édith

PARIS 2024

JEUX OLYMPIQUES DE MEXICO 1968

ATHLÉTISME

Tommie Smith et John Carlos, les gants de la colère

Tête baissée, poing ganté, Tommie Smith, vainqueur du 200 m et nouveau recordman du monde, et John Carlos, sur la troisième marche du podium, défient les USA alors que retentit l'hymne américain. Les athlètes veulent ainsi « protester contre le sort fait aux Noirs, contre l'indignité dans laquelle ils sont tenus aux USA ».
Sur le podium, l'athlète australien Peter Norman porte lui aussi, par solidarité, le badge du « Olympic Project for Human Rights » (OPHR). Son engagement s'inscrit dans le contexte du mouvement pour les droits civiques et des révoltes étudiantes de l'année 1968.
Les deux athlètes américains seront suspendus, puis interdits de compétition à vie.

PARIS 2024

JEUX OLYMPIQUES DE PARIS 1900

AVIRON

Un Parisien de 10 ans médaille d'or

Lors des séries de l'épreuve à deux avec barreur, les favoris néerlandais François Brandt et Roelof Klein sont en difficulté, constatant que les 60 kg de leur barreur sont un handicap, alors que leurs adversaires embarquent des enfants. Ils décident d'engager un gamin d'une dizaine d'années qui n'a pas été retenu par l'équipe de France. Les Néerlandais partent rapidement et réussissent à conserver leur avantage sur les Français Martinet et Waleff. Le nom du garçon parisien n'a jamais été retrouvé, mais il est peut-être le plus jeune champion olympique de l'Histoire.

PARIS 2024

JEUX OLYMPIQUES DE TOKYO 2020

VOLLEY-BALL

L'équipe de France au finish

L'équipe de France n'avait jamais dépassé les quarts de finale depuis sa première participation aux Jeux Olympiques de 1988. Alors jouer une finale est déjà une formidable réussite. Et pourquoi pas l'or ? La France du volley-ball y croit dur comme fer quand les Tricolores dominent les Russes, menant deux manches à 0 (25-23, 25-17), et 15-12 dans ce que l'on pense être le dernier set. Mais c'était compter sans la détermination des adversaires qui renversent le cours du match, gagnant les troisième et quatrième manches (21-25, 21-25) et dominant le début de la cinquième. La fin du match est irrespirable, jusqu'au dernier point. La France gagne au finish. Pour la première fois de son histoire, elle remporte la médaille d'or, donnant un éclat particulier à la bonne santé des sports collectifs tricolores lors de ces Jeux Olympiques de Tokyo.

19

SEPTEMBRE

7 h 37 19 h 50

Ste Émilie

PARIS 2024

JEUX OLYMPIQUES D'ATLANTA 1996

CYCLISME

Nathalie Even-Lancien, les points gagnants

Nathalie Even-Lancien franchit la ligne d'arrivée, relève la tête, sourit et envoie des baisers en direction du public. Pourtant, cette finale de l'épreuve de la course aux points se joue à un petit point, à quelques centimètres. Nathalie Even-Lancien sait que sa deuxième place dans le dernier sprint est suffisante pour accrocher l'or, devant la Hollandaise Ingrid Haringa. « C'est le plus beau souvenir de ma carrière sportive, il n'y a pas photo. » La Bretonne devient la première championne olympique de l'histoire de la discipline.

PARIS 2024

JEUX OLYMPIQUES DE TOKYO 1964

NATATION

Dawn Fraser, championne… et surprenante

Une des plus grandes nageuses de l'histoire ! Lorsqu'elle se présente aux Jeux Olympiques de Tokyo, elle est déjà une star des bassins, ayant remporté 2 médailles d'or consécutives en 100 m nage libre aux Jeux Olympiques de 1956 et de 1960. Pourtant, quelques mois avant les Jeux Olympiques de Rome, elle est victime d'un grave accident dans lequel sa mère décède. Ce traumatisme ne l'empêche pas de gagner une nouvelle médaille sur sa distance fétiche. Elle est ainsi la première nageuse de l'Histoire à conserver son titre sur trois Olympiades. Cette grande championne aux 41 records du monde eut un comportement étrange à Tokyo : sa tentative de subtiliser le drapeau olympique suspendu au palais impérial lui vaudra une sanction de la Fédération et la privera d'une quatrième Olympiade.

PARIS 2024

JEUX OLYMPIQUES DE MEXICO 1968

CYCLISME SUR PISTE

Daniel Morelon, l'homme des Jeux Olympiques

Lorsqu'il aborde ces Jeux Olympiques de Mexico, le pistard a déjà connu un podium olympique quatre ans plus tôt. Mais cette fois-ci, Daniel Morelon vise plus que le bronze. Avec succès, remportant aisément le titre de la vitesse face à l'Italien Turrini. Deux jours plus tard, associé à Pierre Trentin, il remporte un nouveau titre olympique, celui du tandem. À Munich en 1972, il ira chercher sa deuxième médaille en vitesse individuelle, mais devra se contenter de l'argent à Montréal pour sa quatrième et dernière Olympiade en tant que pistard. Mais Daniel Morelon ne dit pas adieu aux Jeux Olympiques. Devenu entraîneur de l'équipe de France, il en connaîtra neuf autres, drivant avec bonheur Félicia Ballanger, Laurent Gané, Nathalie Even-Lancien, Frédéric Magné et les Tricolores de la vitesse par équipe. Soit 30 médailles d'or...

PARIS 2024

JEUX OLYMPIQUES DE LONDRES 1948

CYCLISME SUR ROUTE

José Beyaert voit la vie en or !

Cordonnier de profession, le cycliste aux lunettes se distingue dans les courses amateurs au point d'être sélectionné pour disputer l'épreuve en ligne des Jeux Olympiques de Londres. Le circuit de près de 12 km, tracé en grande partie dans le parc du château de Windsor, est à parcourir à dix-sept reprises. Sous une pluie diluvienne, entre les chutes et les crevaisons, les abandons s'enchaînent, et il se retrouve dans un petit groupe à l'entame du dernier tour. Le Nordiste de 22 ans attaque et devance ses compagnons d'échappée pour devenir champion olympique ! Il poursuivra une vie très aventurière en Colombie...

PARIS 2024

JEUX OLYMPIQUES DE LONDRES 1948

ATHLÉTISME

Micheline Ostermeyer, la virtuose

Incroyable athlète aux talents multiples, Micheline Ostermeyer rapporte à la France 2 des 10 médailles d'or tricolores de ces Jeux Olympiques, dans l'épreuve du jet de disque le 31 juillet, puis 5 jours plus tard, dans celle du poids. Elle complétera son palmarès avec une troisième place au saut en hauteur. Mais pour elle, l'athlétisme n'est pas l'essentiel : « Je veux vite, très vite, revenir au piano. Car la musique, c'est l'avenir. » Le soir de sa médaille de bronze, cette pianiste virtuose donne un concert au Royal Albert Hall de Londres !

24

SEPTEMBRE

7 h 44 19 h 40

St Anatole

PARIS 2024

JEUX OLYMPIQUES DE ROME 1960

CYCLISME

Mort du cycliste danois Jensen

Le premier jour des Jeux Olympiques de Rome est marqué par un drame. Lors de la course des 100 km par équipes, un des quatre membres de l'équipe danoise, Knud Enemark Jensen, chute. Soutenu par ses coéquipiers, il perd connaissance et ne se relèvera pas. L'autopsie révélera la présence dans le sang du cycliste d'amphétamines, mais confirmera la version officielle : c'est une insolation qui a provoqué son décès. Deux de ses équipiers seront également hospitalisés pour des problèmes toxiques. À cette époque, aucun règlement n'existait pour sanctionner le dopage lors des Jeux Olympiques.

PARIS 2024

JEUX OLYMPIQUES DE BERLIN 1936

HANDBALL

Apparition du handball à 11

Le handball a été introduit aux Jeux Olympiques de Berlin 1936 dans son ancien format, à savoir en plein air sur gazon et à 11 joueurs. Cette apparition dans des Jeux Olympiques organisés par l'Allemagne hitlérienne va lui coûter cher. Il est banni dans les Olympiades d'après-guerre, considéré comme un « sport nazi ». Il ne retrouvera son statut de sport olympique qu'en 1972, dans son format actuel, en salle et à 7 joueurs.

PARIS 2024

JEUX OLYMPIQUES DE BARCELONE 1992

ATHLÉTISME

Marie-José Pérec, la gazelle en or

Marie-José Pérec, c'est l'élégance et l'efficacité maximale sur une distance, le 400 m, où l'effort est d'une terrible intensité. Sur la piste de Barcelone, elle domine Olha Bryzhina, la tenante du titre, pour aller chercher sa première médaille d'or. Quatre ans plus tard, elle récidivera, devenant la première athlète à conserver son titre sur cette distance. Elle ne se contente pas de ce sacre, allant quérir de son ample foulée les lauriers sur le 200 m... et privant la Jamaïcaine Merlene Ottey d'un titre si désiré. À Sydney, elle ne pourra défendre ses titres, en raison de problèmes personnels. Marie-José Pérec est une des ambassadrices de la candidature olympique de Paris 2024.

PARIS 2024

JEUX OLYMPIQUES DE BEIJING 2008

HANDBALL

Une première suivie d'autres

Après un excellent parcours tant dans la phase de groupe que dans les matchs à élimination directe, la France assume pleinement son statut de favori et se retrouve en finale contre l'Islande. La même affiche qu'en 1992, quand les deux équipes se disputaient la médaille de bronze. Les Tricolores se montreront encore une fois supérieurs à leurs adversaires (28-23). Les « Experts » remportent la première médaille d'or française en handball, complétant un palmarès qui ne cessera de s'enrichir, affichant aujourd'hui 3 médailles d'or aux Jeux Olympiques (2008, 2012, 2020) et 6 titres de champions du monde...

28
SEPTEMBRE

7 h 50 19 h 31

St Venceslas

PARIS 2024

JEUX OLYMPIQUES DE PARIS 1924

WATER-POLO

Le seul titre français

Les matchs de water-polo se disputent à la piscine olympique des Tourelles (aujourd'hui piscine Georges-Vallerey) dans le 20e arrondissement de Paris. La France n'est pas favorite, mais s'impose très facilement face à la Belgique en finale (3-0). C'est le seul titre olympique français dans ce sport.

29

SEPTEMBRE

7 h 51 19 h 29

St Michel, St Gabriel

PARIS 2024

JEUX OLYMPIQUES DE SYDNEY 2000

TRIATHLON

Enfin programmé aux Jeux Olympiques

La première épreuve de triathlon olympique se déroule à Sydney. C'est une version « courte distance », inspirée de diverses disciplines déjà présentes au programme olympique, qui est choisie comme support de la course. 1500 m de natation, 40 km à vélo puis 10 km de course à pied deviennent la distance olympique. Pour les Jeux Olympiques de 2020, une troisième épreuve est incluse au programme olympique, le relais mixte (4 x 4). Dans les épreuves individuelles, le Britannique Alistair Brownlee est le plus médaillé des triathlons olympiques, ayant remporté l'or en 2012 et en 2016. En cinq éditions, seule la Suissesse Nicola Spirig a remporté 2 médailles olympiques dans les épreuves féminines.

PARIS 2024

JEUX OLYMPIQUES DE BARCELONE 1992

SPORTS ÉQUESTRES

Isabell Werth, la reine du dressage

À 23 ans, la jeune cavalière allemande ne pense sans doute pas que sa première participation aux Jeux Olympiques de Barcelone 1992 sera suivie de cinq autres Olympiades ! Et pourtant, Isabell Werth va poser les premières pierres d'une très riche carrière. Médaille d'argent individuelle et d'or par équipes en 1992, la « reine du dressage » engrangera ensuite 6 autres titres olympiques (1996, 2000, 2008, 2016, 2020) obtenus essentiellement par équipe et 4 places de deuxième. Celle qui n'oublie jamais d'associer ses montures à ses succès affiche également 12 titres de championne d'Europe, 6 de championne du monde et 8 de championne d'Allemagne.

1er OCTOBRE

☀ 7 h 54 ☀ 19 h 25

Ste Thérèse de l'Enfant Jésus

2024

PARIS 2024

JEUX OLYMPIQUES D'ATHÈNES 1896

CYCLISME

Paul Masson, 3 médailles d'or en un jour !

Passionné de cyclisme, l'étudiant en médecine Paul Masson se fait remarquer par son talent sportif alors qu'il n'a pas 20 ans. Sélectionné pour les Jeux Olympiques d'Athènes 1896, le cycliste réalise l'exploit, le 11 avril 1896, de gagner 3 titres de champion olympique (vitesse individuelle, contre-la-montre, 10 km) dans la même journée. S'il est un des cinq Français à réaliser une telle performance, il est sans doute le seul au monde à le faire en quelques heures. Nommé docteur en médecine en 1903, Paul Masson ne délaissera pourtant pas la piste : il sera même champion de France de vitesse amateur neuf ans plus tard.

2024

PARIS 2024

JEUX OLYMPIQUES DE TOKYO 2020

SURF

À Italo Ferreira la première médaille

Celui qui, en 2019, devient champion du monde de la World Surf League vise l'or aux Jeux Olympiques de Tokyo 2020. Sur le spot de Tsurigasaki, le Japonais Kanoa Igarashi lui donne du fil à retordre, mais son surf puissant et aérien fait la différence : le Brésilien Italo Ferreira devient ainsi le premier champion olympique de la discipline, le surf faisant son apparition au programme des Jeux Olympiques lors de cette édition. « C'était un moment très spécial dans ma carrière, une immense opportunité, comme un rêve qui devenait réalité. »

2024

PARIS 2024

JEUX OLYMPIQUES DE MOSCOU 1980

BOXE

Teofilo Stevenson, un triplé chez les lourds

Teofilo Stevenson avait remporté une première médaille d'or olympique en 1972 à Munich, alors qu'il n'avait que 20 ans, et avait répété cet exploit aux Jeux Olympiques de 1976 à Montréal. Sa troisième médaille d'or à Moscou fait de lui l'un des plus grands boxeurs olympiques de tous les temps. Peut-être aurait-il fait la passe de quatre s'il n'avait pas été privé Jeux Olympiques de 1984 et 1988, en raison du boycott de Cuba. Le triple champion du monde amateurs est resté fidèle à la doctrine officielle de son pays et n'a jamais combattu en tant que professionnel.

2024

PARIS 2024

JEUX OLYMPIQUES DE LONDRES 2012

ATHLÉTISME

David Rudisha : un 800 m pour l'Histoire

Sans lièvre, le Kényan de 23 ans, champion et recordman du monde, prend la tête du 800 m dès le départ et ne la lâchera pas. David Rudisha s'offre ainsi un magnifique titre olympique couronné d'un nouveau record du monde : 1'40"91. Un temps hors normes qui n'a jamais été amélioré depuis 2012. « La performance la plus remarquable de ces Jeux Olympiques, tous sports confondus », selon Sebastian Coe, ancien athlète et président du Comité d'organisation des Jeux Olympiques de Londres 2012. Le Kényan, qui conservera son titre quatre ans plus tard à Rio, devient à cette occasion le seul athlète de l'Histoire à avoir remporté 4 titres olympiques ou mondiaux sur cette distance.

PARIS 2024

JEUX OLYMPIQUES D'ATHÈNES 2004

AVIRON

Hardy et Vieilledent, un couple en or

Ce samedi 21 août, dans le Centre olympique d'aviron de Schinias, à côté d'Athènes, Adrien Hardy et Sébastien Vieilledent enlèvent le titre olympique du deux de couple, à l'issue d'une finale parfaitement maîtrisée, tactiquement et techniquement, face aux redoutables Italiens et Slovènes. « Ils ont atteint la perfection dans cette finale », déclare admiratif Jean-Christophe Rolland, ancien médaillé d'or à Sydney. Déjà champions du monde en titre, les deux rameurs français enrichissent leur palmarès d'un sacre olympique.

2024

PARIS 2024

JEUX OLYMPIQUES DE TOKYO 2020

JUDO

L'équipe de France en or par équipes

L'épreuve mixte par équipes fait son apparition à l'occasion des Jeux Olympiques de Tokyo. Le pays organisateur et nation phare du judo désire plus que tout inscrire son nom pour cette première. Les Japonais déchanteront, battus nettement (4-1) par les Tricolores Clarisse Agbégnénou, Axel Clerget, Teddy Riner et Sarah-Léonie Cysique. Les judokas français, dont certains avaient à cœur d'effacer des échecs en individuel, décrochent ainsi leur huitième médaille dans ces Jeux Olympiques, une de plus qu'en 1992 et 2012.

2024

PARIS 2024

JEUX OLYMPIQUES DE TOKYO 1964

La flamme de la paix

Le dernier porteur de la flamme olympique, Yoshinori Sakai, a été choisi comme symbole de la reconstruction japonaise. L'athlète est en effet né le 6 août 1945, date à laquelle la bombe atomique a explosé à Hiroshima. Le jeune homme de 19 ans rend ainsi hommage aux victimes et illustre l'appel à la paix dans le monde. L'athlète ne participera jamais à des compétitions olympiques, mais se distinguera aux Jeux Olympiques asiatiques de 1966 à Bangkok (médaille d'or au 1600 m relais et médaille d'argent au 400 m).

PARIS 2024

JEUX OLYMPIQUES DE STOCKHOLM 1912

LUTTE GRÉCO-ROMAINE

Onze heures de combat !

Martin Klein, lutteur né en Estonie mais participant aux Jeux Olympiques de Stockholm sous la bannière russe, est entré dans l'histoire de l'Olympisme lors de la demi-finale de lutte gréco-romaine. Opposé au Finlandais Alfred Asikainen, il s'impose au bout de… 11 heures et 40 minutes de combat disputé sous un soleil de plomb. Le lendemain, Martin Klein, épuisé, est incapable de combattre. Son forfait fait le bonheur du Suédois Claes Johanson, médaillé d'or.

PARIS 2024

JEUX OLYMPIQUES DE LOS ANGELES 1932

ESCRIME

Judy Guinness, un fair-play qui coûte un titre

Judy Guinness symbolise parfaitement la notion de fair-play. Arrivée en finale contre l'Autrichienne Ellen Preis, elle est déclarée victorieuse par les juges. Elle leur indique alors qu'ils n'ont pas comptabilisé deux touches de son adversaire (l'arbitrage électrique n'était pas encore utilisé). Sa remarque est prise en compte : la jeune escrimeuse britannique perd sa première place et doit se contenter de la médaille d'argent.

2024

PARIS 2024

JEUX OLYMPIQUES DE LONDRES 2012

CANOË-KAYAK

Émilie Fer, Slalom K1 en or

Après une première participation un peu décevante aux Jeux Olympiques de Beijing, Émilie Fer revient très motivée pour sa seconde compétition olympique en 2012. Seule représentante française du canoë-kayak slalom féminin, elle ne laisse pas passer sa chance et remporte la médaille d'or le 2 août 2012 dans le bassin d'eaux vives de Lee Valley, devançant l'Australienne Fox et l'Espagnole Chourraut. Émilie Fer est la première Française de l'Histoire à remporter un titre olympique dans cette discipline. Elle confirmera cette performance un an plus tard en devant championne du monde à Prague.

2024

PARIS 2024

JEUX OLYMPIQUES DE TOKYO 2020

AVIRON

Le deux de couple français de nouveau sacré

Quatre ans après Jérémie Azou et Pierre Houin, titrés à Rio en 2016 dans la catégorie deux de couple poids légers, Matthieu Androdias et Hugo Boucheron reprennent avec brio le flambeau et se voient, eux aussi, sacrés dans cette discipline. Ils devancent les rameurs des Pays-Bas et de la Chine, s'offrant par la même occasion le record olympique (6'0"53). Pourtant, leur course ne fut pas exemplaire : « On a compensé par l'envie. On a tout fait au physique, c'est la plus mauvaise course de la semaine sans doute, mais on a tout balancé », explique à l'issue de la course Hugo Boucheron.

2024

PARIS 2024

JEUX OLYMPIQUES DE LONDRES 2012

CYCLISME MOUTAIN BIKE

Julie Bresset, un titre incontestable

Après un parcours exemplaire et brillant dans les catégories jeunes et espoirs, Julie Bresset se présente très motivée, ce 11 août 2012, sur le circuit olympique de VTT à Hadleigh dans l'Essex. La Briochine prend la tête rapidement pour ne plus jamais la lâcher. Elle s'impose en solitaire avec plus d'une minute d'avance sur l'Allemande Sabine Spitz. À 23 ans, elle devient alors la plus jeune championne olympique de cette discipline et la première Française championne olympique de VTT. Quelques semaines plus tard, elle confirmera sa supériorité en gagnant le Championnat du monde de VTT cross-country.

2024
PARIS 2024

JEUX OLYMPIQUES D'ATHÈNES 1896

ESCRIME

On refait le match !

L'escrimeur Adolf Schmal se souviendra longtemps de sa finale sabre. L'Autrichien avait gagné ses deux premiers assauts, quand la famille royale de Grèce fit son entrée dans le stade. Les organisateurs décidèrent alors de recommencer la compétition pour que le roi puisse voir l'intégralité des rencontres.
Schmal perdit les matchs qu'il avait gagnés précédemment et termina quatrième du concours. Deux jours plus tard, il prit sa revanche en montant trois fois sur le podium… en cyclisme.

2

PARIS 2024

24

JEUX OLYMPIQUES DE LONDRES 2012

NATATION

Le relais 4 x 100 m nage libre français en or !

Jusque-là, les Américains régnaient quasiment sans partage sur l'épreuve du relais 4 x 100 m nage libre messieurs, remportant 8 des 10 médailles décernées aux Jeux Olympiques. Ce 28 juillet 2012, à Athènes, Amaury Leveaux, Fabien Gilot, Clément Lefert et Yannick Agnel s'imposent au finish face aux nageurs américains (dont un certain Michael Phelps) qui avaient pourtant fait la course en tête pendant 350 mètres. Grâce à un incroyable finish d'Agnel, la France est sacrée championne olympique du relais 4 x 100 m pour la première fois de l'Histoire !

2024
PARIS 2024

PARIS 2024

La Seine pour la cérémonie d'ouverture

La cérémonie d'ouverture de Paris 2024 marque une rupture avec les précédentes éditions des Jeux Olympiques. Elle s'annonce audacieuse, originale et unique puisqu'elle a pour cadre les monuments, ponts et établissements culturels qui bordent la Seine. Les délégations nationales et les 10 500 athlètes prennent place sur des embarcations dédiées et naviguent d'est en ouest à travers Paris. Longue de 6 kilomètres, la traversée s'achève devant le Trocadéro, pour le final des spectacles et des cérémonies protocolaires.

16
OCTOBRE
8 h 17 18 h 54
Ste Edwige

2024

PARIS 2024

JEUX OLYMPIQUES DE MELBOURNE 1956

SPORTS ÉQUESTRES

Les épreuves se déroulent… à Stockholm

Les règles sanitaires propres à l'Australie exigent que les animaux entrant sur son territoire soient soumis à une quarantaine de six mois. Cette stricte législation n'est pas signalée lorsque la candidature de Melbourne est proposée au CIO, et les autorités gouvernementales australiennes refusent catégoriquement de faire une exception pour la tenue des Jeux Olympiques de Melbourne 1956. En 1954, le CIO décide donc de violer sa propre Charte en dérogeant au sacro-saint principe de l'unité des Jeux Olympiques et confie l'organisation des concours de sports équestres… à la ville de Stockholm.

17
OCTOBRE
8 h 18 18 h 52
St Baudouin

2024

PARIS 2024

JEUX OLYMPIQUES DE TOKYO 2020

TIR

Jean Quiquampoix cible juste

Il avait raté l'or à Rio, se contentant d'une très belle médaille d'argent. Jean Quiquampoix, grand spécialiste du pistolet à 25 m vitesse, n'a pas manqué son second rendez-vous olympique à Tokyo. Après avoir remporté peu de temps avant la Coupe du monde en prenant sa revanche sur le champion olympique Christian Reitz, il s'impose le 2 août 2021 devant la médaille d'or olympique 2012, le Cubain Leuris Pupo. Malgré la pression (« Je voulais tellement cette médaille »), il réalise un quasi sans-faute. Un titre qui s'ajoute notamment à ceux de champion du monde et quadruple champion d'Europe.

2024

PARIS 2024

JEUX OLYMPIQUES DE SÉOUL 1988

ATHLÉTISME

Sergueï Bubka, une seule médaille

Privé des Jeux Olympiques de Los Angeles 1984 à la suite du boycott des pays de l'Est, Sergueï Bubka se présente à ceux de Séoul en 1988 avec le statut de grand favori de l'épreuve de saut à la perche. Premier athlète à avoir passé la barre des 6,00 m, il est exact au rendez-vous et empoche 1 médaille d'or devant deux compatriotes soviétiques, malgré un saut moyen (5,90 m) qui constitue toutefois un nouveau record olympique. Ce sera son seul titre. Cet immense champion, qui a battu 35 records du monde durant sa carrière, ratera complètement son concours lors des Jeux Olympiques de 1992 et, quatre ans plus tard, une inflammation au tendon d'Achille l'empêchera de tenter le moindre saut.

2024

PARIS 2024

JEUX OLYMPIQUES DE STOCKHOLM 1912

Enfin les cinq continents

Pour la première fois, à l'occasion de ces Jeux Olympiques de Stockholm 1912, les cinq continents sont représentés. En effet, le Japon, avec deux représentants seulement, fait son apparition tout comme l'Égypte, l'Islande, le Luxembourg, le Portugal, la Serbie. Une année plus tard, les cinq anneaux apparaissent sur l'en-tête d'une lettre écrite par Pierre de Coubertin, concrétisant la dimension universelle de l'Olympisme.

2024

PARIS 2024

JEUX OLYMPIQUES DE LOS ANGELES 1932

NATATION

Kusuo Kitamura remporte le 1500 m nage libre... à l'âge de 14 ans

On sait peu de choses de Kusuo Kimatura, né le 9 octobre 1917 à Köchi, si ce n'est qu'en 1932, lors des Jeux Olympiques de Los Angeles, il se montre le meilleur dans l'épreuve du 1500 m nage libre, en nageant en 19'12"4, faisant preuve d'une étonnante endurance pour un jeune adolescent. Il devance son compatriote Shozo Makino, qui connaîtra une belle carrière, battant plusieurs records du monde et glanant 1 médaille de bronze aux Jeux Olympiques de Berlin 1936 sur le 400 m libre. Kitamura devient le plus jeune champion olympique de natation, un record qui ne sera battu qu'en 1988 par la nageuse hongroise Krisztina Egerszegi.

2024

PARIS 2024

JEUX OLYMPIQUES D'AMSTERDAM 1928

NATATION

Deux nouvelles médailles pour « Tarzan » Weissmuller

Après avoir marqué de son empreinte les Jeux Olympiques de Paris 1924, au cours desquels il est sacré champion olympique 3 fois (400 m nage libre, 100 m nage libre, relais 4 × 200 m), Johnny Weissmuller remporte 2 médailles d'or supplémentaires aux Jeux Olympiques d'Amsterdam 1928, sur le 100 m nage libre (avec, à la clé, un record du monde) et sur le relais 4 x 200 m. Il enrichit un palmarès exceptionnel de 52 titres nationaux et de 67 records du monde. Il mettra un terme à sa carrière sans avoir perdu une seule course en compétition.
En 1929, Johnny Weissmuller quitte les bassins de natation pour les plateaux de cinéma en interprétant le rôle mythique de Tarzan.

2
PARIS 2024
2
4

JEUX OLYMPIQUES DE PARIS 1924

Agrandissement du stade de Colombes

Désigné comme stade olympique principal, le vieux stade de Colombes profite des fonds débloqués pour les Jeux Olympiques de 1924 pour porter sa capacité à 45 000 places (dont 20 000 assises couvertes), loin du projet initial de 100 000 places. L'architecte Louis Faure-Dujarric signe les travaux de l'enceinte sportive qui accueille les cérémonies, l'athlétisme, le départ et l'arrivée des épreuves de cyclisme sur route, l'équitation, le football, la gymnastique, le cross du pentathlon moderne, le rugby. Le stade d'escrime et le stade de tennis sont adjacents. Le stade de Colombes, appelé aujourd'hui Yves-du-Manoir, est le seul lieu qui connaît, en 2024, les deuxièmes Jeux Olympiques de son histoire en accueillant les épreuves de hockey sur gazon.

2024

PARIS 2024

JEUX OLYMPIQUES D'ATLANTA 1996

ATHLÉTISME

L'inimitable Michael Johnson

Inoubliable athlète tant par son style caractéristique, le buste droit, les foulées courtes enchaînées à une vitesse folle, que par son talent, Michael Johnson marque à jamais ces Jeux Olympiques d'Atlanta 1996 en s'imposant sur les 200 et 400 m, avec des records du monde à la clé. Deux nouveaux titres après celui décroché quatre ans plus tôt sur le 4 x 400 m.

En 2000, aux Jeux Olympiques de Sydney, l'homme aux chaussures dorées restera le maître du 400 m, sa distance fétiche. Pendant douze ans, la « loco de Waco » détiendra le record du monde du 200 m (19"32) jusqu'à ce qu'un certain Usain Bolt brille sur les pistes...

2024

PARIS 2024

JEUX OLYMPIQUES D'ANVERS 1920

Le drapeau olympique et le serment des athlètes font leur apparition

Le 14 août 1920 à Anvers, la cérémonie d'ouverture entre dans l'histoire de l'Olympisme : le drapeau olympique aux cinq anneaux entrelacés (bleu, jaune, vert, noir, rouge sur fond blanc) apparaît pour la première fois. Autre innovation majeure : le serment olympique des athlètes. Le porte-drapeau belge Victor Boin est le premier appelé à le prononcer : « Nous jurons de prendre part aux Jeux Olympiques en compétiteurs loyaux, d'observer scrupuleusement les règlements et de faire preuve d'un esprit chevaleresque pour la gloire de nos pays et pour la gloire du sport. »

2024

PARIS 2024

JEUX OLYMPIQUES DE RIO DE JANEIRO 2016

BOXE

Tony Yoka en or, comme Estelle Mossely

Il l'a fait ! Tony Yoka remporte le 21 août 2016, lors des Jeux Olympiques de Rio 2016, la médaille d'or en plus de 91 kg. Bien que blessé à une cheville, il bat en finale le Britannique Joseph Joyce (deux juges sur trois se prononcent en sa faveur). Un titre de champion olympique qu'il peut fêter avec sa compagne Estelle Mossely, également médaillée d'or quelques jours auparavant. La victoire du boxeur français sera très contestée par les instances britanniques, suite à un rapport rédigé par le juriste canadien Richard McLaren, qui fait état de potentiels combats ayant fait l'objet d'irrégularités et de manipulation des juges.

2024
PARIS 2024

JEUX OLYMPIQUES DE MELBOURNE 1956

CYCLISME SUR PISTE

Michel Rousseau, champion olympique de vitesse

Âgé de 20 ans à peine, le sprinteur Michel Rousseau, alors champion du monde amateur, apporte à la France une de ses 4 médailles d'or en battant aisément, grâce à sa détente et sa puissance, l'Italien Pesenti dans l'épreuve de vitesse. Le Tricolore sait faire preuve de maîtrise après deux faux départs dans la première manche et malgré une atmosphère d'étuve dans le vélodrome. La petite histoire retiendra que, contrairement au strict protocole, il s'est adressé au duc d'Édimbourg lors de la remise des médailles : « Monsieur le Duc, la France vous salue bien ! »

2024

PARIS 2024

JEUX OLYMPIQUES DE TOKYO 2020

HANDBALL

L'équipe de France encore en or !

La finale de Rio leur était restée en travers de la gorge. De nouveau en finale face au Danemark, champion olympique en titre, les handballeurs de l'équipe de France désirent prendre leur revanche à l'issue d'un tournoi qui les voit sortir en tête de leur groupe et se qualifier sans trop de difficultés pour l'ultime rencontre. Le match est serré, éprouvant nerveusement. À quinze secondes du coup de sifflet final, les Danois sont en attaque pour tenter d'arracher une prolongation. Une perte de balle et un dernier but de Fabregas scellent la victoire tricolore (25-23). C'est la troisième médaille d'or olympique du hand français et du trio Abalo-Karabatic-Guigou.

28

OCTOBRE

☀ 7 h 36 ☀ 17 h 32

St Jude, St Simon

2024

PARIS 2024

JEUX OLYMPIQUES DE MEXICO 1968

BOXE

George Foreman, les débuts dorés d'une légende

À son arrivée à Mexico en 1968, l'Américain George Foreman n'est encore qu'un jeune amateur de 19 ans, certes plein de promesses mais, selon les spécialistes, pas encore prêt pour le titre suprême. Il les fera mentir, réalisant un parcours exemplaire jusqu'à la finale où il est opposé au redoutable Soviétique Jonas Čepulis. À la surprise générale, Foreman remporte la victoire, moins d'une minute après le début du deuxième round. Le Texan empoche la médaille d'or, sans qu'aucun de ses trois derniers adversaires n'ait réussi à tenir jusqu'au bout du combat. Dans la foulée de son titre, il passera professionnel et deviendra, en 1973, champion du monde poids lourds, en battant le champion olympique 1964, Joe Frazier, par K.-O.

29

OCTOBRE

7 h 37 17 h 30

St Narcisse

2024

PARIS 2024

JEUX OLYMPIQUES DE BEIJING 2008

CYCLISME SUR PISTE

Wiggins, la piste aux étoiles

Si on s'en tient aux seules performances olympiques, Bradley Wiggins est le coureur cycliste le plus médaillé de tous les temps. En quatre Olympiades distinctes, 8 médailles, dont désormais 5 en or pour celui qui avait été sacré champion olympique de poursuite individuelle en 2004 et 2008, de poursuite par équipes en 2008 et du contre-la-montre en 2012 (dans la foulée d'un Tour de France victorieux !). À Rio, à 36 ans, il va conquérir son dernier titre olympique, avec la complicité de Steven Burke, Edward Clancy et Owain Doull, ses coéquipiers de la poursuite par équipes.

30
OCTOBRE
7 h 39 17 h 29
Ste Bienvenue

2024

PARIS 2024

JEUX OLYMPIQUES DE MUNICH 1972

ATHLÉTISME

Le Finlandais Viren chute, mais gagne !

Depuis longtemps, Lasse Viren ne pense qu'aux Jeux Olympiques de Munich 1972, visant secrètement un podium sur les courses de fond. Dans la finale du 10 000 m, alors que le Britannique David Bedford fait la course en tête, le Finlandais chute, faisant également tomber un des favoris, Mohammed Gammoudi, qui sera contraint d'abandonner. On pense que Viren n'a plus de chance. Pourtant, il accélère, réintègre le peloton et revient peu à peu sur tous ses adversaires pour les coiffer sur le poteau. Incroyable fin de course qui explique la performance de Viren, nouveau recordman du monde. La semaine suivante, Viren réalisera son rêve suprême en s'adjugeant le titre olympique sur le 5000 m.

2

PARIS 2024

24

JEUX OLYMPIQUES DE PARIS 1924

ATHLÉTISME

Robert LeGendre, victime du règlement

Lors de ces Jeux Olympiques de Paris, l'Américain Robert LeGendre bat le record du monde du saut en longueur avec un bond de 7,76 m. Mais comme il a réalisé cette performance lors de l'épreuve du pentathlon, son record n'est pas homologué. Pas de médaille d'or pour lui, juste 1 en bronze dans le pentathlon, mais des regrets de ne pas s'être aligné dans l'épreuve du saut en longueur : le champion olympique 1924, William DeHart Hubbard, est allé bien moins loin que lui (7,44 m)...

PARIS
2024

PARIS 2024

JEUX OLYMPIQUES DE STOCKHOLM 1912

FOOTBALL

Fuchs marque dix buts lors du match Allemagne-Russie (16-0)

Dans un match du tournoi de consolation, l'Allemagne écrase la Russie 16-0. Ce résultat constitue toujours, et sans doute pour longtemps, la plus grande victoire de l'équipe nationale germanique. Gottfried Fuchs marque ce jour-là dix buts, record lors d'une rencontre internationale qui ne sera dépassé qu'en 2001 par l'Australien Archie Thompson et ses treize buts. Le tsar de Russie refusera de payer le trajet retour des malheureux footballeurs russes...

PARIS
2024

PARIS 2024

JEUX OLYMPIQUES DE LOS ANGELES 1984

ATHLÉTISME

Pierre Quinon, le premier perchiste français en or

En l'absence du recordman du monde de la discipline Sergueï Bubka, à cause du boycott de l'URSS, le perchiste français Pierre Quinon se montre le plus performant, malgré une cuisse douloureuse, en franchissant une barre à 5,75 m à son premier essai, en deçà de son record du monde de 1983 (5,82 m). Huitième athlète français champion olympique en athlétisme, Pierre Quinon devient le premier Tricolore à s'imposer aux Jeux Olympiques dans une épreuve de saut. Il restera également, dans l'histoire du saut à la perche, celui qui a demandé pour la première fois en compétition officielle une barre à 6,00 m.

PARIS
2024

PARIS 2024

JEUX OLYMPIQUES DE LONDRES 1908

BOXE

Richard Gunn en or à 37 ans

Trois fois champion britannique amateur des poids plumes (1894, 1895 et 1896), Richard Gunn prend sa retraite à la demande des autorités en raison de sa trop grande supériorité. Il retourne sur les rings en 1908 pour disputer les Jeux Olympiques de Londres. Avec succès. Il est sacré champion olympique de la catégorie après sa victoire en finale contre son jeune compatriote Charles Morris. À 37 ans, il est à jamais le plus vieux boxeur à avoir remporté un titre olympique. L'âge limite de participation aux Jeux Olympiques a ensuite été fixé à 34 ans.

PARIS 2024

PARIS 2024

PARIS 2024

Surf, escalade, skateboard et breaking au programme

Paris 2024 a fait le choix de sports jeunes, créatifs, spectaculaires et en phase avec leur époque : le surf, l'escalade, le skateboard et le breaking. Le Comité international olympique (CIO) a validé l'ajout de ces quatre sports additionnels. Paris 2024 s'inscrit dans la continuité des Jeux Olympiques de Tokyo 2020. Le surf aura lieu à Teahupoo à Tahiti, le skate et le breaking au parc urbain de la place de la Concorde, alors que l'escalade se déroulera au Bourget, en Seine-Saint-Denis

PARIS 2024

PARIS 2024

JEUX OLYMPIQUES DE LONDRES 1948

TIR

Sans sa main droite, Karoly Takacs tire et gagne avec sa main gauche !

Le Hongrois Karoly Takacs, qui fait partie de l'équipe nationale de tir au pistolet championne du monde en 1938, est victime cette même année d'une grenade défectueuse lors d'une séance d'entraînement militaire. Tragique accident qui lui arrache la main droite, celle dont il se sert pour tirer. Loin de se décourager, il apprend à tirer de la main gauche. Travail patient, mais payant. À 38 ans, il participe aux Jeux Olympiques de Londres et décroche la médaille d'or dans l'épreuve du pistolet au tir rapide. Titre qu'il conservera quatre ans plus tard à Helsinki.

PARIS 2024

PARIS 2024

JEUX OLYMPIQUES D'ATHÈNES 2004

VTT CROSS-COUNTRY

Julien Absalon dans le sillage de Miguel Martinez

Le 28 août, sur le poussiéreux circuit du Mont Parnès, le Vosgien s'impose, devançant d'une minute le champion d'Europe et de deux minutes le médaillé d'or d'Atlanta. Quatre ans après la victoire de Miguel Martinez à Sydney, un VTTiste tricolore monte sur la plus haute marche du podium. Quelques semaines plus tard, Julien Absalon gagne le Championnat du monde qui se dispute en France. Le premier des cinq maillots arc-en-ciel de sa carrière. Il alignera alors une incroyable série de victoires, dont un nouveau sacre aux Jeux Olympiques de Beijing 2008. Il est le seul champion olympique français de 2004 à conserver son titre.

PARIS
2024

PARIS 2024

JEUX OLYMPIQUES DE MEXICO 1968

ATHLÉTISME

Colette Besson, une médaille et des larmes

Quand, aux deux tiers de ce 400 m féminin, Colette Besson est en cinquième position, personne n'ose vraiment imaginer une médaille pour la Bordelaise de 22 ans. Elle crée alors la surprise en dépassant peu à peu ses adversaires, se propulsant dans un formidable finish devant la redoutable Lillian Board. Record d'Europe battu, record olympique égalé, à un dixième du record du monde. À la remise de la médaille d'or, des larmes qui font chavirer la France entière. Cela faisait vingt ans qu'une athlète tricolore n'était pas montée sur la plus haute marche du podium.

PARIS 2024

PARIS 2024

JEUX OLYMPIQUES DE LONDRES 2012

NATATION

Encore un Manaudou en or

À Londres, le petit frère de la championne olympique Laure Manaudou frappe fort alors qu'il ne figure pas parmi les grands favoris : médaille d'or sur 50 m nage libre devant Jones et Cielo. C'est la première fois que deux personnes de la même fratrie obtiennent 1 médaille d'or olympique en natation. Florent Manaudou va alors enchaîner victoires et records, devenant le premier nageur à détenir simultanément 7 titres sur la même distance (50 m nage libre). Aux Jeux Olympiques de 2016, il ne peut rééditer son exploit, mais repart de Rio avec 2 médailles d'argent (4 × 100 m et 50 m libre). Après une parenthèse de trois ans, il retrouve le chemin des bassins et, aux Jeux Olympiques de 2020, il s'adjuge la médaille d'argent au 50 m nage libre. La seule médaille française en natation à Tokyo.

PARIS
2024

PARIS 2024

JEUX OLYMPIQUES DE TOKYO 2020

ATHLÉTISME

Un jet historique pour l'Inde

Si le tireur Abhinav Bindra reste à jamais le premier Indien à remporter 1 médaille d'or dans un autre sport que le hockey sur gazon (Beijing 2008), Neeraj Chopra peut s'enorgueillir d'apporter à son pays le premier titre olympique en athlétisme. Le jeune lanceur de javelot, avec un jet à 87,58 m, devance les Tchèques Vadlejch et Vesely. Quelques jours plus tard, la Fédération indienne d'athlétisme annonce que le 7 août sera baptisé « Journée du lancer du javelot », en l'honneur de l'exploit historique de Chopra.

PARIS
2024

PARIS 2024

JEUX OLYMPIQUES DE MELBOURNE 1956

Une Allemagne réunifiée

À Melbourne, le Comité International olympique obtient un grand succès politique en réussissant à réunir la République fédérale d'Allemagne (RFA) et la République démocratique d'Allemagne (RDA) qui se présentent au sein d'une « Équipe unifiée allemande » (EUA). *L'Hymne à la Joie* de la Symphonie n° 9 de Beethoven est l'hymne de cette Allemagne réunie. Cette pratique se répétera pour les deux éditions suivantes des Jeux Olympiques. Lors de ces Jeux Olympiques de Melbourne, l'équipe unifiée d'Allemagne prend la septième place au tableau des médailles.

PARIS 2024

PARIS 2024

PARIS 2024

TIR

Une nouvelle épreuve de « skeet »

Le tir faisait déjà partie des neuf sports présentés aux premiers Jeux Olympiques d'Athènes 1896. À l'exception des Jeux Olympiques de Saint-Louis 1904 et d'Amsterdam 1928, la discipline a toujours été un pilier fondamental des éditions des Jeux Olympiques. Alors que la compétition de tir en 1896 ne proposait que cinq épreuves, la compétition de Paris 2024 comptera quinze épreuves de tir à la carabine, au pistolet et au fusil de chasse, pour les femmes comme les hommes, dont une nouvelle épreuve de « skeet » par équipe mixte, à la place de la fosse olympique par équipe mixte.

12

NOVEMBRE

8 h 00 17 h 09

St Christian

PARIS
2024

PARIS 2024

JEUX OLYMPIQUES D'ATHÈNES 1896

NATATION

Les épreuves en pleine mer

Pas de piscine olympique lors de cette première édition des Jeux Olympiques modernes. Le 11 avril, quatre épreuves de natation se disputent en mer dans la baie de Zéa, un des ports du Pirée : deux de 100 m dont une pour marins grecs, une de 500 m et une de 1200 m. Un bateau emmène les participants. Le premier à regagner le rivage est déclaré vainqueur. La légende dit que le seul nageur américain présent serait rapidement sorti de l'eau, la trouvant glaciale...

PARIS 2024

PARIS 2024

JEUX OLYMPIQUES DE MONTRÉAL 1976

ATHLÉTISME

Moses, élégance et performance

Le 25 juillet 1976, à l'âge de 20 ans, Edwin Moses se retrouve en finale des Jeux Olympiques du 400 m haies, alors que jusque-là il n'a jamais remporté de meeting. En l'absence du favori ougandais John Akii-Bua, il joue crânement sa chance et fait la différence dans le dernier virage, laissant finalement ses adversaires à plus de 6 mètres. Moses champion olympique établit un nouveau record du monde (47"63) qui tiendra jusqu'en 1992 ! L'or lui donne des ailes. Pendant une décennie, de 1977 à 1987, l'Américain à la foulée légère collectionnera 122 succès ! Parmi ces réussites, un second sacre olympique à Los Angeles, en 1984. La médaille de bronze acquise aux Jeux Olympiques de Séoul marque le crépuscule de sa carrière.

PARIS 2024

PARIS 2024

JEUX OLYMPIQUES DE MUNICH 1972

GYMNASTIQUE

Les larmes soviétiques

Médailles d'or au sol, à la poutre et par équipes, médaille d'argent aux barres asymétriques : la Soviétique Olga Korbut, à la personnalité audacieuse, charismatique et émotive, illumine la gymnastique artistique des Jeux Olympiques de Munich. L'image de ses pleurs après une chute dans le concours individuel marque l'histoire de ces Jeux Olympiques de Munich. Quatre ans plus tard, elle participera à la victoire de l'URSS au concours par équipes et glanera 1 médaille de bronze à la poutre. Le dernier podium de sa carrière. À ces Jeux Olympiques de 1992, le gymnaste japonais Sawao Kato remporte également 3 titres olympiques assortis de 2 médailles d'argent.

PARIS
2024

PARIS 2024

JEUX OLYMPIQUES DE PARIS 1924

Des Jeux Olympiques d'été et d'hiver distincts

À l'occasion de ces Jeux Olympiques à Paris, le CIO donne son feu vert à la tenue d'une première compétition de sports d'hiver, du 25 janvier au 5 février 1924, à Chamonix-Mont-Blanc. Elle ne revêt dans un premier temps aucun caractère olympique et se tient alors en tant que « Semaine internationale des sports d'hiver » donnée dans le cadre des Jeux Olympiques. Elle sera requalifiée a posteriori comme étant les premiers Jeux Olympiques d'hiver de l'histoire, donnant ainsi lieu à la création d'un cycle propre aux Jeux Olympiques d'hiver et distinct de celui des Jeux Olympiques d'été.

PARIS
2024

PARIS 2024

JEUX OLYMPIQUES DE LONDRES 1948

ATHLÉTISME

Fanny Blankers-Koen : quatre titres olympiques à 30 ans !

Un très grand nom dans l'athlétisme hollandais. Surnommée « la ménagère volante », spécialiste du sprint, Fanny Blankers-Koen a battu ou égalé tout au long de sa carrière 12 records du monde ! Un de ses plus fabuleux exploits, elle le réalise lors des Jeux Olympiques de Londres. À 30 ans, cette jeune mère de famille de deux enfants (ce qui était tout à fait unique à cette époque où de nombreuses personnes n'approuvaient pas encore les femmes athlètes), elle s'impose sur le 100 m, 200 m, 80 m haies et 4 x 100 m !
En 1999, elle a été déclarée Meilleure athlète du XXe siècle par l'IAAF.

PARIS 2024

PARIS 2024

JEUX OLYMPIQUES DE BEIJING 2008

LUTTE GRÉCO-ROMAINE

Les Guenot médaillés le même jour

Vice-champion du monde en 2007, Steeve Guenot participe pour la première fois à des Jeux Olympiques. Coup de maître pour cet agent de sécurité à la RATP. Après l'élimination progressive des principaux prétendants au titre, il ne laisse aucune chance à son adversaire, le Kirghize Begaliev, et devient le premier Français champion olympique de gréco-romaine depuis Henri Deglane, sacré à Paris en 1924. Sa victoire permet à la France de remporter sa première médaille d'or dans ces Jeux Olympiques. Le même jour, son frère Christophe remporte la médaille de bronze dans la catégorie des moins de 74 kg. Quatre ans plus tard, Steeve Guenot ne pourra conserver son titre, décrochant quand même une troisième place sur le podium chez les – 66 kg.

PARIS 2024

PARIS 2024

JEUX OLYMPIQUES D'HELSINKI 1952

Allemagne, Japon et URSS participent aux Jeux Olympiques

Les Jeux Olympiques de 1952 marquent le retour des Japonais et des Allemands de l'Ouest, ceux de l'Est refusant de faire partie d'une équipe allemande unifiée. C'est également la première participation de l'Union soviétique, qui s'était tenue à l'écart des compétitions internationales depuis la Révolution de 1917. En pleine guerre froide, les organisateurs décident toutefois de séparer le village olympique : les pays occidentaux d'un côté et les pays issus du bloc soviétique de l'autre.

PARIS 2024

PARIS 2024

JEUX OLYMPIQUES DE PARIS 1900

Une épreuve de pêche à la ligne !

Le concours de pêche à la ligne a lieu sur l'île aux Cygnes à Paris, le long de la Seine. Il attire 600 concurrents et 20 000 spectateurs en quatre jours. C'est une des épreuves proposées pour les Jeux de 1900, organisés dans le cadre de l'Exposition universelle de Paris. Cela fait débat au point qu'ultérieurement, la pêche à la ligne ne sera pas considérée comme une épreuve officielle des Jeux Olympiques de 1900. La petite histoire retiendra que les participants ont capturé 2051 poissons, dont 881 lors de la finale et que l'Amiénois Élie Lesueur a gagné la coupe...

PARIS 2024

PARIS 2024

JEUX OLYMPIQUES D'AMSTERDAM 1928

Des premières !

Ce 28 juillet 1928, Amsterdam voyait pour la première fois l'allumage de la flamme olympique dans une vasque, pour la durée des Jeux Olympiques. Son allumage ne se fait toutefois pas à Olympie et il n'y a pas encore de relais. Autres innovations lors de ces Jeux Olympiques : l'accès d'athlètes féminines à certaines épreuves d'athlétisme et de gymnastique artistique, après bien des réticences et des polémiques, et le choix de mettre la Grèce en tête du défilé d'ouverture tandis que le pays hôte arrive en dernier.

PARIS
2024

PARIS 2024

JEUX OLYMPIQUES DE BERLIN 1936

CYCLISME

Guy Lapébie, 2 médailles d'or mais des regrets...

Licencié au meilleur club amateur français de l'époque, le Vélo Club de Levallois, Guy Lapébie forme avec ses compagnons Robert Charpentier, Jean Goujon, Roger-Jean Le Nizerhy une redoutable équipe qui va faire main basse sur les titres olympiques de la course en ligne par équipes et de la poursuite par équipes. Il ne pourra pas battre son ami Charpentier dans la course en ligne sur route. Une déception entachée, selon lui, d'une irrégularité, qui lui fera dire : « Depuis ce jour, je me considère comme le vainqueur moral. » Passé professionnel en 1937, il s'illustrera notamment dans le Tour de France 1948 quand il montera sur la troisième marche du podium.

PARIS 2024

PARIS 2024

JEUX OLYMPIQUES DE RIO DE JANEIRO 2016

NATATION

Michael Phelps, la légende des bassins

Si son apprentissage à Sydney, alors qu'il n'a que 15 ans, ne lui apporte aucun laurier, le nageur américain va ensuite collectionner les titres : 8 aux Jeux Olympiques d'Athènes, 6 à Beijing, 4 à Londres. Après une courte pause, il reprend sa marche en avant, finissant son incroyable moisson à Rio en 2016, avec 5 médailles d'or supplémentaires. Avec 28 médailles, dont 23 d'or, ce spécialiste des épreuves de papillon, nage libre, 4 nages et multiple recordman du monde, est le sportif le plus titré et le plus médaillé de l'histoire des Jeux Olympiques, tous sports confondus.

PARIS 2024

PARIS 2024

JEUX OLYMPIQUES DE LOS ANGELES 1984

FOOTBALL

L'Équipe de France plus forte que le Brésil !

Arrivée sur la pointe des pieds à Los Angeles, l'équipe de France olympique est entraînée par Henri Michel à qui on a confié cette mission, sans trop se faire d'illusions sur le résultat final. En effet, les vainqueurs récents du Championnat d'Europe (Michel Platini, Alain Giresse, Jean Tigana...) ne sont pas autorisés à disputer les Jeux Olympiques. C'est donc avec de jeunes joueurs prometteurs que la France va jouer crânement sa chance... et déjouer tous les pronostics. En finale face au Brésil, dans un Rose Bowl de Pasadena plein à craquer, ils se montrent plus solidaires que leurs adversaires et plient le match en seconde période, en inscrivant 2 buts en cinq minutes, grâce à François Brisson et Daniel Xuereb. L'équipe de France de football remporte sa première médaille d'or.

24
NOVEMBRE

8 h 18 16 h 56

Ste Flora

PARIS
2024

PARIS 2024

JEUX OLYMPIQUES DE ROME 1960

ATHLÉTISME

Livio Berruti : un exploit sur 200 m

Ce jeune étudiant en chimie de 21 ans participe à ses premiers Jeux Olympiques en 1960. Sans doute galvanisé par le public romain, il réalise dès la demi-finale du 200 m un temps de 20"5, égalant le record du monde. Le lendemain, devant une foule en délire, le Turinois, qui courait toujours avec des lunettes noires et des chaussettes blanches, répète son temps et bat tous les favoris américains. Il devient le premier non-Américain à remporter le 200 m. Ce titre olympique historique restera le meilleur résultat de sa carrière, malgré une participation aux Jeux Olympiques de Tokyo et de Mexico.

25

NOVEMBRE

8h19 16h56

Ste Catherine

PARIS 2024

PARIS 2024

JEUX OLYMPIQUES DE PARIS 1924

ATHLÉTISME

Paavo Nurmi, l'homme aux 12 médailles

Le « Finlandais volant » a un des plus beaux palmarès de l'athlétisme, établissant au cours de sa carrière 22 records du monde, du 1500 m au 20 000 m ! Jusqu'à l'émergence de Carl Lewis, il fut aussi le recordman de médailles olympiques dans cette discipline sportive : 12 en trois Olympiades, dont 9 en or. Pour ces seuls Jeux Olympiques de Paris, il remporte 5 titres : 1500 m, 3000 m par équipes, 5000 m, cross-country, cross par équipes. Son nom est aussi gravé dans l'histoire de l'athlétisme comme l'un des précurseurs de nouvelles méthodes d'entraînement méthodiques, progressives et rigoureuses.

PARIS
2024

PARIS 2024

JEUX OLYMPIQUES DE TOKYO 2020

HANDBALL

Succès historique de l'équipe de France féminine

Vice-championnes olympiques à Rio, les handballeuses tricolores avaient soif de revanche, voulant plus que tout aller quérir une toute première médaille olympique. En finale du tournoi, elles sont opposées, comme en 2016, aux sportives du Comité olympique russe qui les avaient battues en phase de groupes. Au lendemain de la victoire des hommes, les Bleues sont allées chercher le Graal, s'imposant à l'issue d'un match parfaitement maîtrisé (30-25). Succès historique, tout comme ce doublé en or pour le handball français.

27

NOVEMBRE

☀ 8 h 22 ☀ 16 h 54

St Virgile

PARIS
2024

PARIS 2024

JEUX OLYMPIQUES DE BARCELONE 1992

TIR À L'ARC

Sébastien Flute, des flèches en or

Après un très prometteur parcours en junior, Sébastien Flute s'impose comme un des meilleurs archers internationaux, avec notamment un titre de champion du monde en salle 1991. Ce qui lui donne confiance pour aborder les Jeux Olympiques de Barcelone. À 20 ans, il est exact au rendez-vous, apportant 1 médaille d'or à la France. Il ne pourra pas renouveler son exploit à Sydney, mais continuera de consacrer sa vie à ce sport. Le Français a été choisi comme directeur sportif du tir à l'arc au sein du Comité d'organisation de Paris 2024.

PARIS 2024

PARIS 2024

JEUX OLYMPIQUES DE RIO DE JANEIRO 2016

BOXE

Estelle Mossely, la pionnière

Ce 19 août, Estelle Mossely fête ses 24 ans. Et quel plus beau cadeau d'anniversaire peut-elle s'offrir qu'un titre olympique ? Elle gagne sa médaille d'or dans la catégorie des – 60 kg en battant en finale la Chinoise Yin Junhua. Elle reste à tout jamais la première boxeuse française championne olympique. Elle poursuivra la pratique de son sport chez les professionnels, mais n'oubliera jamais Rio : « La victoire olympique est la plus belle de ma carrière. C'est ce qui m'a fait le plus vibrer. »

PARIS 2024

PARIS 2024

JEUX OLYMPIQUES D'ATHÈNES 2004

GYMNASTIQUE

Émilie Le Pennec, la championne que l'on n'attendait pas

Blessée lors de sa préparation olympique, elle ne peut même pas disputer le Championnat de France. Émilie Le Pennec ne fait donc pas partie des grandes favorites de la finale des barres asymétriques. Mais, ce jour-là, elle est en état de grâce et crée la surprise en remportant la médaille d'or avec une note finale de 9,687/10. À 16 ans, elle devient ainsi la première championne olympique de l'histoire de la gymnastique française et la troisième, filles et garçons confondus, après Gustave Sandras en 1900 et Albert Séguin en 1924.

30

NOVEMBRE

8 h 26 16 h 52

St André

PARIS 2024

PARIS 2024

JEUX OLYMPIQUES DE MEXICO 1968

ATHLÉTISME

Les 8,90 m de Bob Beamon au saut en longueur

Ce 18 octobre 1968 reste un moment majeur non seulement des Jeux Olympiques de Mexico mais de l'histoire olympique. Ce jour-là, à 15h45, le sauteur américain atteint dès son premier saut la longueur exceptionnelle de 8,90 m. Une médaille d'or, un record du monde qu'il pulvérise de 55 cm et une impression incroyable pour ceux qui vivent l'événement en direct. Six secondes et dix-neuf foulées pour un saut historique. Un impensable exploit qui doit sans doute beaucoup aux bienfaits d'une piste synthétique et de l'altitude du stade de Mexico (2200 m). Seul Mike Powell, en 1991, fera tomber ce record mondial. Mais le record olympique de Beamon tient toujours...

PARIS 2024
PARIS
20 — 24

JEUX OLYMPIQUES DE LOS ANGELES 1984

Une cérémonie hollywoodienne

Ce 28 juillet 1984, Los Angeles se doit de réaliser dans son Memorial Coliseum une cérémonie d'ouverture digne d'une production hollywoodienne. Des images fortes resteront gravées dans les mémoires : l'apparition dans les airs de Bill Suitor sanglé dans son « jet pack », un réacteur dorsal construit par la Nasa ; des gradins qui se transforment en une explosion de couleurs formées par les drapeaux de tous les pays ; Lionel Richie qui chante son tube mondial « All night song » devant 92 000 personnes.

PARIS 2024

JEUX OLYMPIQUES DE SÉOUL 1988

TAEKWONDO

Apparition aux Jeux Olympiques de Séoul

Art martial traditionnel coréen, le taekwondo est présenté pour la première fois, en 1988, aux Jeux Olympiques de Séoul en tant que sport de démonstration. Il conserve ce statut à Barcelone, en 1992, puis disparaît du programme d'Atlanta en 1996. Finalement, quatre ans plus tard, le taekwondo intègre définitivement le programme olympique à partir des Jeux Olympiques de Sydney, en 2000. Certains pays ont marqué l'histoire en remportant la première médaille olympique de leur histoire en taekwondo, comme le Vietnam (2000), l'Afghanistan (2008), le Gabon (2012), et le Niger et la Jordanie (2016), ou encore leur première médaille olympique féminine à l'image de l'Iran et de la Côte d'Ivoire (2016).

PARIS 2024
PARIS 2024
PARIS
20 — 24
PARIS 2024

JEUX OLYMPIQUES DE LOS ANGELES 1984

Des affiches pop art

Le Comité d'organisation des Jeux Olympiques de Los Angeles demande à quinze artistes de travailler sur le thème du sport, pour créer des dessins uniques destinés à promouvoir l'événement. Sont notamment sollicitées les figures du pop art comme Roy Lichtenstein, David Hockney et Robert Rauschenberg, dont les trois étoiles sont reprises sur l'affiche officielle. La mascotte, Sam l'aigle, est créée par le studio Disney.

Ces choix rompent avec la monotonie et le classicisme artistique des précédentes Olympiades.

PARIS 2024
PARIS
PARIS 2024
20 — 24
PARIS 2024

JEUX OLYMPIQUES DE MUNICH 1972

NATATION

L'indétrônable Mark Spitz

Le nageur américain moustachu fut indéniablement la star des Jeux Olympiques de 1972 à Munich, entrant pour l'éternité dans le livre des records de l'olympisme. Avec la volonté d'effacer la très relative déception des Jeux Olympiques de Mexico (d'où il repartira quand même avec 4 médailles, dont 2 d'or), Mark Spitz ne laisse aucune chance à ses adversaires et remporte 7 médailles d'or (100 m et 200 m nage libre, 200 m papillon, 4 × 100 m et 4 x 200 m nage libre, 4 × 100 m 4 nages), signant autant de records du monde ! C'est une performance qui n'a jamais été égalée pendant plus de trente-cinq ans, jusqu'à ce qu'un certain Michael Phelps entre en scène.

PARIS 2024
PARIS 2024
PARIS 20 24
PARIS 20—24 PARIS
PARIS 2024
PARIS 2024
PARIS 2024
PARIS 2024
PARIS 20 24
PARIS 20—24 PARIS
PARIS 2024
PARIS 2024
PARIS 20 24

JEUX OLYMPIQUES DE SYDNEY 2000

GYMNASTIQUE TRAMPOLINE

Pour la première fois au programme des Jeux Olympiques

Le trampoline comporte deux compétitions individuelles (une féminine et une masculine), pendant lesquelles les athlètes rebondissent à plus de 8 m de haut sur une toile, pour effectuer des enchaînements de figures. Après les Jeux Olympiques de 2020, la Chine est le pays ayant remporté le plus grand nombre de médailles olympiques en trampoline, avec 14 médailles dont 4 en or. Malgré cette domination chinoise, Rosie MacLennan, une athlète canadienne, est la première trampoliniste, hommes et femmes confondus, à avoir conservé son titre olympique, en 2012 et 2016.

PARIS 2024

JEUX OLYMPIQUES DE PARIS 1924

BOXE

En or à 16 ans !

L'Américain Jackie Fields est le plus jeune champion olympique de boxe. Son titre, il l'a acquis dans la catégorie poids plumes lors des Jeux de Paris en 1924 alors qu'il n'est âgé que de 16 ans et demi. En finale, il bat aux points Joseph Salas, alors champion des États-Unis de boxe amateur. Passé professionnel en 1925, Jackie Fields décroche le titre de champion du monde des poids coqs en 1929.

PARIS 2024
PARIS 2024
PARIS
20 24

JEUX OLYMPIQUES DE LONDRES 1948

ATHLÉTISME

La révolution du starting-block

Depuis l'Antiquité, les athlètes ont toujours utilisé des blocs de départ. Mais c'est en 1929 que le sprinteur George Simpson utilise pour la première fois des plots en bois comme appuis. Pourtant cette innovation n'est pas validée alors que les athlètes calent toujours leurs pieds en creusant des trous dans la cendrée. Tolérés en 1937, validés par la Fédération internationale d'athlétisme en 1938, ces starting-blocks modernes sont officiellement autorisés pour les épreuves de sprint des Jeux Olympiques de Londres en 1948.

PARIS 2024

JEUX OLYMPIQUES DE LOS ANGELES 1984

Les USA font le plein de médailles

En l'absence de l'URSS et de la RDA qui ont boycotté les Jeux Olympiques de Los Angeles, les USA remportent 174 médailles, dont 83 médailles d'or, acquises notamment par Carl Lewis, Edwin Moses, Mary Lou Retton, Greg Louganis… C'est la meilleure performance de l'histoire des États-Unis dans une Olympiade. Suivent la Roumanie, la République fédérale d'Allemagne et la Chine. A contrario, quatre ans plus tôt, quand une cinquantaine de nations (dont les États-Unis) avaient refusé de se rendre aux Jeux Olympiques organisés à Moscou, l'URSS et la République démocratique d'Allemagne avaient gagné respectivement 195 et 126 médailles.

PARIS 2024
PARIS

PARIS 2024

FOOTBALL

Des tournois dans sept grands stades français

Le football est arrivé très tôt au programme olympique, dès les Jeux Olympiques de Paris en 1900. Il ne l'a ensuite pas quitté. Le football féminin fait son entrée au programme olympique aux Jeux Olympiques d'Atlanta, en 1996. Pour les Jeux Olympiques de Paris 2024, le tournoi se dispute dans les stades de Bordeaux, Nantes, Lyon, Saint-Étienne, Nice, Marseille, ainsi qu'à Paris, au Parc des Princes où les finales se déroulent les 9 et 10 août. Dans le tournoi masculin, le Brésil défend son titre acquis lors des Jeux Olympiques de Tokyo face à l'Espagne. Le Canada tente également le doublé dans le tournoi féminin.

10

DÉCEMBRE

8 h 37 16 h 49

Ste Eulalie

PARIS 2024

PARIS 2024

JEUX OLYMPIQUES D'HELSINKI 1952

SPORTS ÉQUESTRES - DRESSAGE

Lis Hartel, paralysée des jambes et vice-championne olympique

Frappée par une poliomyélite lors de sa seconde grossesse en 1944, Lis Hartel, malgré de longs mois de rééducation, reste paralysée en dessous des genoux Pour cette cavalière déjà reconnue, c'est un drame. Elle réapprend à monter avec son handicap et acquiert une nouvelle aisance en selle sans utiliser ses jambes. Qualifiée pour les Jeux Olympiques de Melbourne (cette Olympiade marque en effet la première participation des femmes à la compétition), elle se montre très performante dans la discipline du dressage en décrochant la deuxième place du concours. La Danoise, qui doit se faire aider pour être mise en selle, est aussi la première femme à décrocher 1 médaille d'argent face à des hommes. Exploit qu'elle rééditera à Melbourne en 1956.

11

DÉCEMBRE

8 h 38 16 h 49

St Arthur, St Daniel

PARIS 2024

JEUX OLYMPIQUES DE PARIS 1900

TENNIS

Charlotte Cooper, première médaillée olympique

Alors que les femmes se voient autorisées à concourir seulement dans deux disciplines des Jeux Olympiques , la Britannique Charlotte Cooper décroche, le 11 juillet 1900, la première médaille d'or individuelle féminine en battant la Française Hélène Prévost en finale du simple femmes (6-1, 6-1), sur les cours de l'île de Puteaux. Avec son jeu atypique, qui consiste à se ruer au filet et son service étonnant pour l'époque (elle lançait la balle en hauteur alors que la plupart de ses adversaires servaient à la cuillère), cette championne, évoluant alors en robe longue, repartira avec une seconde médaille d'or obtenue, avec Reginald Doherty, en double mixte. Ces titres s'ajoutent à 5 victoires dans le tournoi de Wimbledon (1895, 1896, 1898, 1901 et 1908).

12
DÉCEMBRE

8 h 38 16 h 49

St Corentin

PARIS 2024

JEUX OLYMPIQUES D'ATLANTA 1996

FOOTBALL FÉMININ

Les États-Unis pour une première

Cent ans après les premiers Jeux Olympiques modernes, le football féminin fait enfin son apparition dans le programme olympique. Les équipes engagées sont les huit meilleures de la dernière Coupe du monde, le Brésil prenant la place de l'Angleterre non reconnue par le Comité international olympique.

Dans le stade de l'université de Géorgie, à une heure d'Atlanta, l'équipe américaine bat la Chine 2-1, devant 76 489 spectateurs, soit la plus grande affluence pour un match dans une compétition féminine.

Mais devant aucun téléspectateur, puisque le match ne fut pas diffusé en direct à la télévision.

PARIS 2024

JEUX OLYMPIQUES DE LONDRES 2012

NATATION

Camille Muffat or, argent et bronze

Le 29 juillet 2012, Camille Muffat décroche l'or dans l'Aquatics Center de Londres, débloquant ainsi le compteur de médailles d'or de la délégation tricolore. Grande favorite puisqu'elle a réalisé la meilleure performance mondiale de l'année, la Niçoise ne tremble pas pour s'emparer du titre olympique, le troisième de la France sur le 400 m nage libre après Jean Boiteux et Laure Manaudou. Camille Muffat complétera sa moisson de médailles en décrochant l'argent, sur le 200 m nage libre et le bronze avec le relais du 4 x 200 m nage libre, 3 médailles lors d'une Olympiade, tout comme... Laure Manaudou.

PARIS 2024

JEUX OLYMPIQUES DE PARIS 1900

CROQUET

Première et dernière apparition

Le croquet consiste à faire passer des boules en bois à travers des arceaux en les frappant à l'aide d'un maillet. Ce sport apparaît, comme la pelote basque et le cricket, pour la première fois dans les Jeux Olympiques de Paris en 1900. Mais aussi pour la dernière fois. On retiendra que les Français ont remporté les trois épreuves qui étaient mixtes. Le croquet est chronologiquement la première discipline de ces Jeux Olympiques et donc la première discipline de l'histoire des Jeux Olympiques modernes auxquels des femmes participent.

PARIS 2024
PARIS 2024
PARIS 2024

JEUX OLYMPIQUES DE TOKYO 2020

ATHLÉTISME

Anita Wlodarczyk, le triplé au lancer de marteau

Anita Wlodarczyk est indéniablement une des plus grandes stars du marteau. À ses 8 titres de championne du monde et d'Europe, l'athlète polonaise a ajouté 3 médailles d'or olympique. La première fut gagnée en 2012 à Londres (suite à la disqualification pour dopage de Tatyana Lysenko). Elle récidivera en 2016 à Rio. À Tokyo, pour les Jeux Olympiques de 2020, elle entre dans l'Histoire en décrochant, à 35 ans, son troisième titre consécutif, ce qu'aucune femme n'avait réalisé lors des épreuves olympiques d'athlétisme. Elle est l'actuelle détentrice du record du monde (82,98 m).

PARIS 2024
PARIS 2024
PARIS 2024
PARIS
20 — 24
PARIS
2024
PARIS 2024

JEUX OLYMPIQUES DE TOKYO 1964

ATHLÉTISME

La perche fait sa révolution

Les courses d'athlétisme des Jeux Olympiques de 1964 sont les dernières à se disputer sur piste cendrée. Les couloirs sont délimités, non plus par des cordes mais par des bandes de vinyle. Ces Jeux Olympiques voient aussi l'apparition des perches en fibre de verre, beaucoup plus performantes que les métalliques. Ce dont profitera Fred Hansen qui sera le premier champion olympique à s'imposer avec ce matériel en passant tous ses essais jusqu'à 5 m, avant d'effacer 5,10 m au troisième essai pour la médaille d'or.

PARIS 2024

JEUX OLYMPIQUES D'HELSINKI 1952

ESCRIME

Christian d'Oriola, première médaille d'or en fleuret

Quatre ans après avoir dû se contenter de l'argent en individuel, le fleurettiste Christian d'Oriola est déterminé à monter sur la plus haute marche du podium. Si le Catalan fait trembler ses supporters lors du premier tour, il parvient toutefois à se qualifier en finale. Il retrouve alors son allant pour se défaire d'Edoardo Mangiarotti et de Manlio Di Rosa. Il s'adjuge cette médaille d'or si convoitée et qu'il conservera aux Jeux Olympiques de 1956 à Helsinki. Dans toute sa carrière, le Catalan aura gagné 4 titres olympiques, ayant contribué à la victoire des Tricolores en finale olympique du fleuret par équipes (1948, 1952).

18

DÉCEMBRE

8 h 43 16 h 50

St Gatien

JEUX OLYMPIQUES DE MONTRÉAL 1976

ESCRIME

Ildiko Ujlaki-Rejto, 7 médailles en cinq Jeux Olympiques

La Hongrie peut se féliciter d'avoir une telle sportive dans ses rangs. En cinq Olympiades, Ildiko Rejto, malgré sa surdité, remporte 7 médailles en fleuret individuel et par équipes : 2 en or (1964), 3 en argent (1960, 1968, 1972) et 2 en bronze (1968, 1976). Avec sa quinzaine de titres et d'accessits aux Championnats du monde, elle est une des tireuses les plus titrées de la discipline avec l'Italienne Valentina Vezzali.

PARIS 2024

JEUX OLYMPIQUES DE TOKYO 1964

ATHLÉTISME

« Bullet » Bob Hayes, champion du sprint... et de football américain

Le sprinteur américain se fait remarquer sur les pistes olympiques de Tokyo en remportant la médaille d'or du 100 m, puis quelques heures plus tard celle du 4 x 100 m, course au cours de laquelle il battra le record du monde. L'athlète aux semelles de vent choisit ensuite de briller dans le football américain. Il évolue onze saisons comme receveur en National Football League, dont dix aux Dallas Cowboys. Avec son sacre au Super Bowl VI, il est devenu le premier (et le seul) homme à détenir un titre olympique et une victoire en NFL.

PARIS 2024
PARIS
20 — 24
PARIS PARIS PARIS

JEUX OLYMPIQUES DE MOSCOU 1980

JUDO

Thierry Rey, champion en super-légers

Champion du monde en 1979 dans la catégorie des – de 60 kg, Thierry Rey constitue un des grands espoirs de médaille à Moscou. À 21 ans, il est exact au rendez-vous de la gloire. Avec talent et sang-froid, il bat en demi-finale le Soviétique Emizh. En finale, fort d'un yuka accordé par l'arbitre, il résiste sans faiblir aux assauts du Cubain Jose Rodriguez. Le gong retentit. Il est en or. Thierry Rey est allé au bout de son rêve : il est le premier dans l'histoire du judo français à réussir le doublé champion olympique/champion du monde.

PARIS 2024
PARIS
2024
PARIS 2024

JEUX OLYMPIQUES DE LOS ANGELES 1984

CYCLISME

Connie Carpenter, la première médaillée d'or olympique féminine en cyclisme

Formidable destin que celui de Connie Carpenter qui entame une brillante carrière de patinage de vitesse, participant même aux Jeux Olympiques d'hiver en 1972. Sacrée championne des USA en 1976, elle est victime d'une blessure à la hanche qui l'oblige à abandonner cette discipline. S'ouvre alors une incroyable carrière cycliste. En 1976, 1977 et 1979, elle remporte le Championnat des États-Unis sur route, puis gagne le Championnat du monde de poursuite en 1983. Un an plus tard, elle est sélectionnée pour les Jeux Olympiques de Los Angeles où, de nouveau, elle se montre la meilleure lors de l'épreuve de cyclisme sur route.

Cette médaille d'or sera sa dernière grande victoire.

PARIS 2024
PARIS 2024
PARIS
PARIS 2024
PARIS 2024

JEUX OLYMPIQUES DE SAINT-LOUIS 1904

Premières attributions de médailles

À Saint-Louis, pour la première fois, des médailles olympiques en or, en argent et en bronze sont attribuées aux trois premiers de chaque épreuve. Le tableau des médailles des Jeux Olympiques de 1900 à Paris a donc été établi rétrospectivement. Avec 101 médailles sur 268 attribuées, c'est la France qui est déclarée nation la plus performante.

PARIS 2024

JEUX OLYMPIQUES DE TOKYO 2020

DÉCATHLON

Damian Warner au-dessus des 9000 !

Après le bronze à Rio 2016, un titre de vice-champion du monde en 2018, Damian Warner visait l'or aux Jeux Olympiques de Tokyo. Il n'a laissé aucune chance à ses adversaires, dominant de la tête et des épaules les dix épreuves du décathlon à l'image de son 100 m (10"12) et du saut en longueur (8,24 m), records de ces épreuves aux Jeux Olympiques. À l'issue de ces deux journées de compétition, le Canadien récolte le titre suprême et améliore de 123 points le record olympique. Il devient le quatrième homme à entrer dans le cercle très fermé des athlètes ayant dépassé la marque des 9000 points.

PARIS 2024
PARIS
20 — 24

JEUX OLYMPIQUES DE RIO DE JANEIRO 2016

ESCRIME

Une nouvelle médaille pour les épéistes tricolores !

Ce dimanche 14 août 2016 à Rio, Daniel Jérent, Yannick Borel et Jean-Michel Lucenay imposent leur tempo dans la finale qui les oppose aux Italiens. Les épéistes mènent tout au long de la rencontre, remportant chacun des duels. Daniel Jérent a parfaitement lancé l'équipe grâce à un 5-2 et l'équipe n'a jamais perdu la tête, comptant même 13 points d'avance avant le relais final de Yannick Borel, numéro 2 mondial. Ce dernier n'a pas tremblé et a offert une victoire 45-31 à la France. Les trois épéistes partagent la médaille d'or avec Gauthier Grumier, qui a participé jusqu'à la demi-finale au succès des Tricolores. Ils apportent à l'épée française sa troisième médaille d'or consécutive par équipes !

25
DÉCEMBRE
8 h 47 16 h 54
Noël

PARIS 2024

JEUX OLYMPIQUES DE SÉOUL 1988

Le dernier vol de colombes

À Séoul, le lâcher de colombes lors de la cérémonie d'ouverture des Jeux Olympiques 1988 tourne au désastre. Après avoir été libérés, plusieurs volatiles se posent sur le bord de la vasque, mais les athlètes, placés en contrebas, ne les remarquent pas quand ils allument la flamme olympique. Des oiseaux ne peuvent s'envoler à temps et sont brûlés vifs. À la suite de cet accident, les lâchers de colombes sont prohibés, remplacés aujourd'hui par des effets visuels symbolisant la paix et la liberté.

PARIS 2024

JEUX OLYMPIQUES DE SÉOUL 1988

VOILE

Nicolas Henard et Jean-Yves Le Deroff : un cata en or

Une très bonne préparation, un excellent Tornado suédois, une combinaison hydrophobe et profilée tout à fait innovante : Jean-Yves Le Deroff et Nicolas Henard se sont donné tous les atouts pour réussir leurs Jeux Olympiques. Leur parcours est parfait lors des premières régates et, dès la fin de la sixième et avant-dernière, ils sont d'ores et déjà assurés de remporter la médaille d'or dans cette catégorie Tornado. Le duo tricolore apporte la première médaille d'or olympique à la voile française depuis la victoire de Serge Maury en Finn à Munich en 1972.

PARIS 2024
PARIS 2024
PARIS
20 24
PARIS PARIS PARIS PARIS

JEUX OLYMPIQUES DE SÉOUL 1988

CYCLISME

Christa Luding-Rothenburger, médaillée au Jeux d'hiver et d'été !

Une sportive d'Allemagne de l'Est aux multiples talents ! Excellente patineuse de vitesse, Christa Luding-Rothenburger décroche une première médaille d'or aux Jeux Olympiques d'hiver de Sarajevo en 1984, puis conserve son titre olympique aux Jeux Olympiques de Calgary. Mais, quelques mois plus tard, à l'été 1988, au Jeux Olympiques de Séoul, elle dispute une épreuve de cyclisme sur piste où elle parvient à obtenir une médaille d'argent ! C'est la seule athlète de l'Histoire à remporter, la même année, une médaille aux Jeux Olympiques d'hiver et aux Jeux Olympiques d'été. Et pour longtemps, puisque désormais ces événements olympiques se déroulent à deux ans d'intervalle.

PARIS 2024

JEUX OLYMPIQUES DE SÉOUL 1988

GYMNASTIQUE

Les Soviétiques mettent la barre haut

Dans la discipline de gymnastique artistique, l'Union soviétique réalise quasiment le Grand Chelem, en gagnant l'or du concours par équipes, puis le concours général individuel avec Vladimir Artemov, également titré aux barres parallèles et à la barre fixe (avec Valeriy Lyukin), au sol (Sergey Kharkov), aux anneaux et au cheval d'arçons (Dimitriy Bilozerchev).

Seul le « saut homme » leur a échappé au profit d'un gymnaste chinois. Chez les gymnastes femmes, Elena Chouchounova se montrera la meilleure au concours individuel et participera à la victoire de l'URSS au concours par équipes.

PARIS 2024

JEUX OLYMPIQUES DE ROME 1960

FOOTBALL

Le sort favorable à la Yougoslavie

La première demi-finale du tournoi oppose la Yougoslavie et l'Italie. Match fermé qui se conclut à l'issue du temps réglementaire par un triste 0-0. Lors des prolongations, chaque équipe marque un but. Le règlement alors en cours est clair : en cas de match nul, les deux équipes seront départagées par tirage au sort. Et les dieux de l'Olympe choisirent la Yougoslavie qui, pour la quatrième fois, va jouer une finale. Cette fois, les coéquipiers de Milan Galic n'attendront pas l'issue aléatoire d'un pile ou face et s'imposeront face au Danemark (3-1), s'offrant ainsi leur premier titre international.

PARIS 2024
PARIS
20 — 24
PARIS PARIS PARIS

JEUX OLYMPIQUES DE MEXICO 1968

SPORTS ÉQUESTRES - SAUT D'OBSTACLES

Pierre Durand et Jappeloup : un galop d'or

Après son échec à Los Angeles, Pierre Durand compte beaucoup sur une réhabilitation lors des Jeux Olympiques de Séoul. En réalisant un sans-faute absolu aux obstacles, le seul au terme des deux manches, le cavalier français et son fidèle et atypique Jappeloup s'imposent. De l'or vingt-quatre ans après Pierre Jonquères d'Oriola. Son bonheur sera complet avec une nouvelle médaille, de bronze cette fois, obtenue avec les Tricolores au concours par équipes. En 2012, Christian Duguay réalise *Jappeloup*, un film inspiré de l'histoire de Pierre Durand (joué par Guillaume Canet).

PARIS 2024